RECUPÉRATE

DE UN *divorcio*

Mark Rye y Crystal Moore

RECUPÉRATE
DE UN
divorcio

Diseño de portada: Diana Ramírez
Imagen de portada: © Shutterstock
Traducido por: Estela Peña Molatore
Diseño de interiores: Carmen Gutiérrez

Título original: *The divorce recovery workbook*

© 2015, Mark S. Rye y Crystal Dea Moore

Primera edición impresa en México: noviembre de 2017
ISBN: 978-607-07-4504-1

Impreso en los talleres de Litográfica Ingramex, S.A. de C.V.
Centeno núm. 162-1, colonia Granjas Esmeralda, Ciudad de México
Impreso y hecho en México - *Printed and made in Mexico*

Crystal dedica este libro a Jeffrey y a Gavin, y les agradece por continuar
enseñándole el significado de familia y perdón.

Mark dedica este libro a sus padres, Bob y Francie, que lo inspiraron a
aprender formas positivas de lidiar con los retos de la vida.

CONTENIDO

AGRADECIMIENTOS

Escribir este libro nos ha dado una fabulosa oportunidad de practicar la estrategia de la psicología positiva de la gratitud. Muchas personas brindaron generosamente su tiempo y su talento para asistirnos en este proyecto, y quisiéramos tomar un momento para expresar nuestro aprecio.

Queremos comenzar agradeciendo a nuestro fantástico equipo editorial de New Harbinger Publications. Esta obra no habría sido escrita sin Wendy Millstine, quien nos planteó la posibilidad de crear un libro, nos ayudó a dar forma al concepto inicial y exitosamente presentó el texto ante sus colegas. Estamos también en deuda con Melissa Kirk y sus colegas editores, quienes nos brindaron una retroalimentación útil y alentadora durante el proceso de escribir este libro. Lograron un balance perfecto, dándonos la libertad de encontrar nuestro propio estilo y proporcionándonos una invaluable guía a lo largo del camino. Además, estamos agradecidos por el excelente trabajo de nuestro editor, Brady Kahn.

Nos sentimos conmovidos por el generoso espíritu de Teresa Hartnett y su voluntad de apartar tiempo de su apretada agenda para enseñarnos los detalles sobre la publicación editorial. No hay cantidad suficiente de galletas con chispas de chocolate que puedan compensar a Teresa por su asistencia, pero no dejaremos de enviárselas.

Apreciamos la generosa aportación que el Fetzer Institute y la John Templeton Foundation facilitaron para nuestra investigación respecto del perdón y los ajustes postdivorcio.

Muchas personas se involucraron para apoyar este proyecto. No podemos agradecerles lo suficiente por la ayuda que nos brindaron. Entre ellos están Susan Gordon, Rahan Ali, Neli Cervera y Peg Tacardon. Gracias a Jeffrey Moore por sus ánimos, su cocina, su edición y por escucharnos a lo largo del proceso de escritura.

Quisiéramos externar un cálido agradecimiento especial a los estudiantes del Skidmore College, quienes pasaron muchas horas leyendo borradores y dándonos sugerencias. Su energía, sabiduría, entusiasmo y aliento nos ayudaron a seguir adelante. Son una enorme parte de por qué amamos nuestros trabajos como profesores universitarios. Especial agradecimiento a los estudiantes del Skidmore College Positive Psychology Lab: Samantha Fassak, Karen Rothman, Derek Nunner, Max Weige, Lizzie Dean, Tess Lauricella, Brittany Dingler, Brianna Wellen, Daniel Johnstone, Sophie Byland, Arien Branden y Grace Zatrau. También quisiéramos mencionar a los estudiantes del otoño 2013 del curso "Good Life" por sus excelentes ideas y por compartir sus experiencias sobre los programas de gratitud comunitarios. Muchas gracias a Ashley Reynolds por su agudo ojo editorial y a Randy Castillo por su hermosa ilustración en el capítulo 2.

Finalmente, y más importante, estamos agradecidos con nuestros pacientes divorciados, amigos divorciados y participantes en el taller que compartieron con nosotros sus historias y su lucha; nos inspiraron con su valor y determinación para encontrar la sanación.

INTRODUCCIÓN

Hay muchos libros en el mercado que brindan consejos sobre cómo encontrar un buen abogado especialista en divorcio, cómo manejar los temas financieros y de custodia, cómo hablar a los hijos sobre el divorcio y cómo volver al escenario de la conquista. Éste no es uno de ésos. En cambio, este libro trata acerca de cómo desarrollar las fortalezas personales que te permitirán recobrar las agallas y florecer. Enfrentémoslo: el divorcio puede ser uno de los retos más difíciles de afrontar, de modo que, si estás sufriendo mucho ahora, trata de no ser tan duro contigo mismo. ¿Quién no tendría dificultades después de todo lo que has pasado?

Aunque desarrollar tu fuerza personal no hará que todos los problemas relativos al divorcio desaparezcan, te puede ayudar a encontrar paz mental. Aprender cómo encontrar la paz mental en medio de las más terribles tormentas de la vida es uno de los regalos más hermosos que te puedes hacer. Conforme tu perspectiva se torne más pacífica, podrás enfrentar los problemas que te abruman con mayor sabiduría, claridad y confianza.

Hay muchos enfoques para lidiar con el divorcio. ¡La clave es encontrar uno que realmente funcione! Si no has encontrado ese enfoque efectivo aún y deseas trabajar contigo mismo, te invitamos a leer sobre los conceptos y técnicas que desde el campo de la psicología positiva pueden ayudarte. Entonces, ¿qué es la psicología positiva?

EL ENFOQUE DE LA PSICOLOGÍA POSITIVA

Si nunca has escuchado hablar de la psicología positiva, te aseguramos que no es un enfoque ciegamente optimista o de síndrome de Pollyana para resolver tus problemas. No tiene que ver con ponerte lentes color rosa e ignorar el dolor emocional. La psicología positiva, por el contrario, es un área de rápido crecimiento de la investigación científica que examina cómo las fortalezas personales y las virtudes pueden ayudar a las personas a desarrollarse.

Los conceptos de la psicología positiva descritos en este libro no son ideas nuevas. Lo que es relativamente nuevo es el compromiso de los investigadores para estudiar las fortalezas y virtudes personales desde una perspectiva científica. Los científicos han hecho emocionantes descubrimientos recientemente sobre cómo la psicología positiva puede mejorar tu vida. Lo mejor de todo es que la psicología positiva te puede ayudar a identificar tus fortalezas y a construir con base en ellas.

¿QUIÉN SE PUEDE BENEFICIAR DE ESTE LIBRO?

Este libro es para todo aquel que esté divorciado, separado o rompiendo con una relación romántica de larga duración. Es también para miembros y líderes de grupos de apoyo para divorciados, así como para terapeutas, educadores sobre divorcio y *coaches* de vida que buscan un enfoque empírico fundamentado para ayudar a sus pacientes divorciados.

Sin embargo, este libro no pretende sustituir la terapia. Muchas personas encuentran que la terapia es una importante fuente de apoyo tras el divorcio, y te alentamos a que busques la asistencia de un terapeuta que sientas que es adecuado para ti. Más aún, este libro no puede reemplazar a un grupo de apoyo de divorcio. No hay nada como pasar un tiempo con personas que han atravesado las mismas experiencias dolorosas y que pueden brindar apoyo y aliento en tu viaje de sanación. Definitivamente, considera unirte a un grupo de apoyo de divorcio si encuentras uno bueno cerca de ti.

¿POR QUÉ ESCRIBIMOS ESTE LIBRO?

Ambos somos terapeutas (Mark es licenciado en psicología clínica y Crystal es licenciada en trabajo social clínico) y hemos trabajado con pacientes divorciados, por lo que quisimos compartir con los lectores cómo las estrategias de la psicología positiva pueden facilitar la sanación después del divorcio. En nuestro papel como profesores universitarios, hemos publicado investigaciones sobre la aplicación de los principios de la psicología positiva para ayudar a las personas a lidiar con el divorcio y algunos de los ejercicios de este libro de trabajo provienen de los talleres que hemos desarrollado con base en las técnicas de la psicología positiva. Más aún, ambos confiamos en que, si tú deseas poner manos a la obra, las estrategias de la psicología positiva pueden ayudarte durante este difícil periodo de tu vida y llevarte a una sanación y a una paz más grande.

¿QUÉ ENCONTRARÁS AQUÍ?

Discusión sobre hallazgos científicos. Describimos evidencia científica sobre la efectividad de las técnicas de la psicología positiva en un modo sencillo de comprender. Incluimos también las referencias en caso de que desees leer los estudios originales.

Ejemplos de casos. A través del libro, ofrecemos ejemplos de casos para ilustrar el tipo de retos que los individuos divorciados enfrentan más comúnmente. Estos ejemplos se basan en antiguos pacientes, participantes de talleres y otras personas divorciadas que conocemos. La información sobre sus identidades ha sido alterada y los ejemplos de casos frecuentemente se componen de experiencias de más de una persona. Aunque no todos los casos reflejen tus propias circunstancias, confiamos en que siempre es posible encontrar algo útil leyendo sobre las experiencias de otros.

Ejercicios. Este libro contiene ejercicios diseñados para ayudarte a reflexionar más profundamente sobre los conceptos de la psicología positiva y a aplicarlos a tu vida. Los ejercicios te ayudarán a mantenerte activamente comprometido en el proceso de sanación.

Consejos para enfrentar obstáculos. No podemos prometerte que la aplicación de las estrategias de la psicología positiva en tu vida será fácil. De hecho, a veces es algo difícil. Por esta razón, brindamos consejos para sortear los obstáculos que pueden aparecer.

Apoyo de los autores. A lo largo del libro, haremos lo posible para apoyarte en tu viaje. Puedes pensar en nosotros como porristas.

¿CÓMO SACAR EL MAYOR PROVECHO DE ESTE LIBRO?

No leas este libro de una sentada. Este libro está diseñado para leerse en un lapso de varias semanas. Para algunos puede resultar útil leer un capítulo por semana. Siéntete libre de elegir un ritmo más o menos rápido, dependiendo de tus necesidades. Puede que te detengas más en unos capítulos que en otros.

Haz tu tarea. Uno de los consejos más importantes es completar el ejercicio de cada capítulo. Leer este libro sin hacer los ejercicios es como leer sobre yoga sin hacer ninguna postura. Claro, es mucho más rápido simplemente leer sobre los ejercicios, pero el beneficio real para ti está en su aplicación, así que, por favor, date la oportunidad. Sabemos que puede ser difícil encontrar tiempo para escribir. También entendemos que algunos de los ejercicios pueden hacer surgir sentimientos incómodos y es tentador saltárselos. Pero trata de pensar que el tiempo que inviertes en realizar los ejercicios es una inversión en ti mismo: ¡mereces esa inversión!

Mantén tu tarea fuera del alcance de tu ex, tus hijos o de tu molesto vecino. Muchos de los ejercicios en este libro son de una naturaleza profundamente personal y requieren un alto nivel de confidencialidad y honestidad. Por tanto, es importante que encuentres un lugar seguro donde hacer tu tarea. Puedes elegir completar los ejercicios escritos en un diario, en lugar de escribir tus respuestas directamente en el libro. De nuevo, donde sea que escribas, ¡es importante que hagas los ejercicios!

Comparte tu tarea con alguien de tu total confianza. Puedes encontrar útil compartir tu tarea (o porciones de ella) con un amigo de confianza, un terapeuta o miembros de tu grupo de apoyo de divorcio. Pueden brindarte impresiones que no habías notado y compartir tu trabajo con otros puede ayudarte a sentirte menos solo en tu viaje.

PUNTOS IMPORTANTES PARA RECORDAR

Cuídate. No lo olvides: tú estás a cargo de tu propio viaje de sanación. Si cualquier concepto o técnica te hace sentir incómodo, está bien saltarlo y seguir con otra cosa. Puedes volver a esas secciones posteriormente, cuando estés listo.

Ábrete a considerar una perspectiva diferente. Una de las claves para mejorar la forma como enfrentas el divorcio es estar abierto a considerar perspectivas alternativas. Todos nos vemos atrapados en la trampa de pensar que nuestra versión de los eventos es la única razonable. Tendemos a enfocarnos selectivamente en algunos aspectos de lo que sucedió, ignorando otros. Más aún, usualmente hacemos juicios basados en información incompleta. Incluso la más mínima voluntad de considerar que hay otras formas de ver tus circunstancias abre la puerta a maravillosas posibilidades de cambiar tu vida.

Trata de dejar las cosas que no puedes controlar. Naturalmente, cualquiera quisiera tener el control sobre los acontecimientos que pasan durante y tras un divorcio. Sí, sería más fácil si tu ex actuara de la forma como quieres, si los abogados y el juez tomaran las decisiones correctas y tus hijos se comportaran de la mejor forma. En realidad, hay aspectos del proceso de divorcio que no puedes controlar. Esto puede provocar ansiedad. Tratar de controlar lo que no puede ser controlado es desde luego una batalla perdida, pero eso no nos impide intentarlo. En lugar de preocuparte por lo que está fuera de tus manos, enfocarte en las cosas que puedes controlar hará tu vida mejor. Recuerda que siempre puedes elegir cómo pensar y responder a lo que ocurre, incluso cuando el recorrido se presente difícil.

Mantén tu sentido del humor. En medio de tiempos difíciles, es importante mantener el sentido del humor. Por tanto, incluimos estratégicamente algunos chistes a lo largo del libro. Si crees que algunos de los chistes son malos, ¡deberías haber visto los que no publicamos!

Pide ayuda cuando la necesites. Todos pasamos por momentos donde nos sentimos desalentados y abrumados. Trata de recordar que no tienes que hacer solo este viaje. Si no tienes aún una buena red de apoyo, considera buscarla con otras personas que ya hayan recorrido este camino.

Trata de identificar tus propias fortalezas. El fundador de la psicología positiva, Martin Seligman (2002), enfatiza la importancia de identificar tus propias fortalezas. Éstas son aquellas que tú ya posees y que has usado de forma efectiva en el pasado. Conforme leas este libro, observa los temas de la psicología positiva que empatan con tus fortalezas y comprométete a hacer uso de ellas tanto como sea posible en tu trabajo de sanación del divorcio.

¿QUÉ ES LO PRIMERO?

Antes de comenzar a utilizar las estrategias de psicología positiva en tu vida, es importante que te tomes algún tiempo para evaluar tu estado emocional actual, porque allí es desde donde comenzarás tu viaje.

CAPÍTULO 1

"Estoy tan enojado que casi no puedo aguantarlo"
RECONOCER Y HONRAR TUS SENTIMIENTOS

El divorcio se considera normalmente como una montaña rusa. Es una buena analogía. Las montañas rusas empiezan con una subida lenta, aparentemente inofensiva que puede dar a los tripulantes una sensación de despreocupación. De pronto, sin mucho aviso, el carro acelera para llegar a aterrorizantes bajadas, giros inesperados y vueltas que te ponen de cabeza. De forma similar, las señales de problemas no siempre son evidentes en un matrimonio, e, incluso cuando lo son, la gente frecuentemente las ignora. Cuando la relación sucumbe, la confusión puede ser tanto repentina como discordante con emociones que cambian rápidamente ante cada nuevo acontecimiento. Estos sentimientos son especialmente difíciles de enfrentar cuando fue tu pareja quien inició el divorcio o quien te lastimó profundamente.

Este libro se enfocará en las técnicas de psicología positiva que pueden ayudarte a enfrentar las difíciles emociones relacionadas con tu divorcio. Pero primero te recomendamos que reflexiones sobre tu propio estado emocional. Usar nuevas estrategias de enfrentamiento sin tomar el tiempo para evaluar tu estado emocional es como tratar una condición médica antes de comprender el diagnóstico. Las recaídas son más frecuentes porque el problema inicial nunca se identificó adecuadamente.

Este capítulo te ayudará a reflexionar sobre tu actual estado emocional. A pesar de que la gente normalmente experimenta una amplia gama de emociones después de un divorcio, te invitamos a enfocarte por ahora en cualquier sentimiento de ira, tristeza y ansiedad que tengas. Éstas son reacciones comunes y comprensibles ante el divorcio. Pero, cuando echan profundas raíces y juegan un papel central en tu visión del mundo postdivorcio, pueden causar desgracias considerables.

IRA COMO UNA REACCIÓN AL DIVORCIO

Una encuesta en línea conducida por una de nuestras exalumnas, Cara MacCabe (2013), encontró que más de 60% de los individuos divorciados creían que habían sido ofendidos por sus ex. Las transgresiones comunes incluían mentiras, infidelidad, incapacidad de cumplir con sus obligaciones, violencia verbal o física, abuso, chismes y mala conducta financiera. Considerando estas dolorosas acciones, no es sorprendente que muchas personas estén enojadas con sus exparejas. Considera los casos de Diego y Carrie.

EL CASO DE DIEGO

Diego, un veinteañero, compartía la pasión por coleccionar artículos deportivos junto con su esposa, Serena. Durante su matrimonio de dos años, amasaron una interesante y relativamente valiosa colección. Después de que Diego se mudó y comenzó el proceso de divorcio, Serena vendió toda la colección en eBay, incluyendo una gorra autografiada que Diego había prometido darle a su papá, quien era un enfermo terminal. Él estaba furioso con Serena por vender su colección sin consultarlo. Su padre murió poco después del divorcio. Diego experimentó una intensa ira hacia Serena y no podía dejar de pensar en lo que ella había hecho.

EL CASO DE CARRIE

Carrie había estado casada durante 12 años, estaba profundamente enamorada de su marido Bill y tenía lo que ella y muchos de sus amigos pensaban que era un matrimonio modelo. Consecuentemente, quedó devastada cuando se enteró de que su marido la había engañado con una mujer más joven y quería el divorcio. Su sueño de envejecer juntos se evaporó y fue reemplazado por un profundo sentido de pérdida. Tras el divorcio, ella sostenía que no estaba enojada, sino profundamente triste. Sin embargo, tres años más tarde, después de muchas malas experiencias con citas a ciegas, comenzó a sentir ira en contra de Bill.

Cada quien lidia con la ira de forma diferente ante el divorcio. Diego les dijo a sus amigos, a su familia, a sus colegas y a todo el que lo quisiera escuchar cuán enojado estaba con Serena. Cada vez que recordaba las acciones de Serena en su mente o volvía a contar la historia, experimentaba un arrebato de ira. En cambio, Carrie les decía a todos que no estaba enojada con su ex. La ira no era una emoción que ella expresara comúnmente, ni que identificara fácilmente. Sin embargo, al no reconocer sus sentimientos, finalmente se transformaron en una rabia imposible de ignorar.

A pesar de cuándo y por qué se haya sentido, la ira es una reacción comprensible ante las lastimosas acciones de tu ex. No debes avergonzarte por sentirla y no tiene sentido amonestarte por ello. Sin embargo, es importante estar consciente de ella, de modo que puedas lidiar con ella de una forma adaptativa.

Una manera de entrar en contacto con tu ira después del divorcio es hacer una lista de tus resentimientos. Los resentimientos son como la hierba del jardín que comienza pequeña y es difícil de distinguir de otras plantas, pero que eventualmente puede tomar los nutrientes de los frutos y vegetales que tratas de cultivar. Si no se atiende, puede expandirse en las formas adaptativas de pensamiento que siguen al divorcio. Tomar el tiempo para reflexionar sobre los resentimientos te ayudará a monitorearlos.

EJERCICIO 1.1: HACER UNA LISTA DE RESENTIMIENTOS

Objetivo. El fin de este ejercicio es reflexionar sobre los resentimientos que albergas. Es consistente con el cuarto paso de Alcohólicos Anónimos, el cual implica realizar un inventario moral de ti mismo.

Instrucciones. Haz una lista con los resentimientos que tienen que ver con tu divorcio. Comienza por escribir los resentimientos en contra de tu ex. Al lado de cada resentimiento, indica la intensidad de tu ira, usando una escala del 1 al 10, donde 1 es mínimo y 10 máximo. Una vez que hayas terminado, haz una lista de resentimientos en contra de otros, como miembros de la familia, abogados, amigos o hijos. Usa tu diario o todo el papel adicional necesario.

Si te cuesta identificar tus resentimientos —o si crees que eres del tipo de persona que no alberga rencores—, enfócate en comportamientos que encuentras molestos. Cuando se sondean profundamente las molestias, suelen revelar asentamientos ocultos de ira.

Considera. Este ejercicio requiere una desafiante autorreflexión, particularmente si encuentras incómodo reconocer que tienes resentimientos. Sin embargo, una vez que los reconozcas y los nombres, estás en mejor posición para lidiar con ellos.

NOMBRE DE LA PERSONA	RESENTIMIENTO	INTENSIDAD (1-10)

Reflexión. Revisa tu lista y luego responde a estas preguntas:

¿Cuánto tiempo has albergado este resentimiento?

¿Algunos de tus resentimientos te sorprenden? Si es así, ¿cuáles?

¿Cuáles resentimientos serían los más difíciles de soltar?

¿Cuáles resentimientos serían los más fáciles de soltar?

Considera compartir tu lista o tus respuestas a estas preguntas con un terapeuta, amigo cercano, o en un grupo de apoyo de divorcio. No hay por qué sentirse avergonzado por el hecho de tener resentimientos. ¿Quién no los tendría después de lo que has pasado?

Antes de proseguir, tenemos que hacer una pregunta: ¿hiciste realmente el ejercicio? ¡Vamos! ¡Sé honesto! Si no escribiste tus respuestas, te invitamos a que lo hagas ahora. Sigue adelante y llena este libro con tus reflexiones (y no lo decimos para que tus amigos divorciados se tengan que comprar un libro nuevo). Las investigaciones demuestran que escribir tus pensamientos y sentimientos te puede ayudar a lidiar mejor con eventos estresantes (Gortner Rude y Pennebaker, 2006). Completar este ejercicio te ayudará a estar más alerta del papel que la ira juega en tu vida y a identificar resentimientos que son fáciles de soltar cuando sea el momento correcto.

CUANDO LA IRA SE VUELVE AUTOMÁTICA

"Tan sólo el simple sonido de su voz hace que me suba la presión". "Me enfurezco siempre que veo a su nueva amante en la ciudad". "Cada vez que escucho esa canción, me acuerdo de sus mentiras".

¿Puedes identificarte en alguna de estas afirmaciones? La ira puede enraizarse tan profundamente en el tiempo que se vuelve una respuesta automática. Un factor que puede jugar un papel en esto es el condicionamiento clásico. Si tomaste un curso introductorio de psicología, recordarás que el condicionamiento clásico fue descubierto por un científico ruso llamado Iván Pávlov, quien tenía una peculiar fascinación por el sistema digestivo de los perros. Para aquellos que no tomaron ese curso de introducción a la psicología (o se durmieron durante él), les hacemos un breve recordatorio: los perros, de forma refleja, comienzan a salivar cuando se les presenta la comida. Sin embargo, Pávlov descubrió que también aprenden a salivar en respuesta a objetos que se les presentan junto con la comida, como una campana o una luz.

¿Qué es lo que esos perros que salivan tienen que ver con tus sentimientos hacia tu ex? El condicionamiento clásico es una de las razones por las que puede ser muy difícil soltar la ira. Por ejemplo, cuando conociste a esa persona que después se volvió tu ex, el sonido de su voz probablemente no causaba una reacción emocional negativa (a menos que tu ex tuviera un molesto tono inusual de voz). Sin embargo, una vez que esa misma voz se asoció con palabras o con acciones hirientes, escucharla simplemente puede detonar sentimientos de miedo o ira. Esta asociación puede permanecer tras la transgresión original y a veces ocurre sin que sea consciente. Para saber cómo esas reacciones automáticas pueden influir en tu actitud hacia tu ex, completa el siguiente ejercicio.

EJERCICIO 1.2: ENCUENTRA TUS DETONADORES DE IRA

Objetivo. La meta de este ejercicio es que comprendas cómo tus reacciones automáticas contribuyen a tu ira.

Instrucciones. Piensa en recuerdos, pensamientos, características o experiencias relacionados con tu ex que evoquen sentimientos automáticos de ira. Enlista estos detonadores de ira en el espacio destinado debajo de estos tres ejemplos.

DETONADORES DE IRA

Ejemplo 1. Escuchar una canción que te recuerda a tu ex.

Ejemplo 2. Encontrarte a tu ex.

Ejemplo 3. Pasar por un restaurante o bar donde tú y tu ex solían ir.

Reflexión. Cuenta el número de detonadores automáticos de la ira que identificaste. Si experimentas reacciones negativas automáticas como una respuesta a gran cantidad de situaciones, el condicionamiento clásico puede ser un importante componente de tu ira.

La mala noticia sobre los sentimientos por condicionamiento clásico es que puede parecer que no tienes control sobre ellos. La buena noticia es que lo que se ha aprendido también se puede desaprender. El capítulo 5 ofrece estrategias para cambiar los detonadores automáticos de los mecanismos de la ira. A lo largo de las siguientes semanas, te invitamos a que revises periódicamente tu lista de detonadores de la ira como un medio para calibrar cómo va cambiando tu perspectiva.

El maltrato o las ofensas de tu ex son como la chispa que enciende el fuego. ¡A estas alturas, es probable que hayas encontrado muchas chispas! A pesar de que las acciones ofensivas de tu ex generaron la chispa inicial, se necesita combustible para mantener el fuego. Repetir los eventos dolorosos en tu mente puede ser la gasolina de tu ira.

A veces algunos incendios pueden ser útiles. Cuando se hacen campamentos, los fuegos pueden ser usados para cocinar, para dar calor y para ahuyentar a grandes, peludas y carnívoras bestias que pueden acechar en el bosque. (Sentarse en torno a una fogata puede conducir a una irresistible urgencia de sacar una guitarra y comenzar a tocar viejas canciones de John Denver). Igual que un fuego, la ira también puede tener beneficios.

POSIBLES BENEFICIOS DE LA IRA

La ira puede servir como señal de problemas en una relación. También puede motivar a la gente a hacer importantes cambios en sus vidas y a perseguir la justicia. Este punto es particularmente importante para las víctimas de violencia doméstica.

CÓMO LA IRA CONTRIBUYE AL SUFRIMIENTO POSTDIVORCIO

Aunque puede haber beneficios derivados del enojo, la ira prolongada hacia el ex en ausencia de una amenaza inmediata puede causarte sufrimiento a ti y a quienes te rodean. La ira puede mantener vivas las experiencias dolorosas y puede tener un impacto negativo en tu salud física y mental. Si tienes hijos, también puede tener un impacto negativo en ellos.

MANTENER LAS EXPERIENCIAS DOLOROSAS VIVAS

"Quien se enoja con quien debe, por lo que debe y durante el tiempo que debe es digno de alabanza", escribió Aristóteles (2009, 50). Si conoces a alguien así, ¡por favor, avísanos! Controlar la ira es como controlar un incendio. Si el viento cambia inesperadamente o se añade mucho combustible, se puede tornar en un embravecido infierno que es difícil de contener. Incluso después de haber extinguido las flamas, las brasas pueden arder durante mucho tiempo.

Judith Wallerstein (1986) siguió a 60 familias divorciadas durante 10 años y encontró que cerca de 40% de las mujeres y 30% de los hombres reportaban altos niveles de ira hacia sus exparejas luego de 10 años posteriores al divorcio. La ira hacia sus ex persistió, a pesar de que muchos participantes se habían vuelto a casar. Más interesante aún es que este estudio excluyó a familias altamente conflictivas que litigaban por temas de custodia o derechos de visita. Si se hubieran incluido, el porcentaje de individuos enojados probablemente habría sido mucho más elevado.

Leímos un reporte de las noticias sobre una amarga batalla legal por un divorcio que duró más de 17 años. Notablemente, la batalla legal duró más que el matrimonio. Seguramente después de una década cualquier beneficio temporal del enojo hacia un ex ha desaparecido. Mantener un intenso enojo hacia tu pareja anterior puede hacer que sea difícil experimentar la paz y la felicidad que buscas, además de que puede afectar tu salud.

IRA Y SALUD FÍSICA

Un antiguo proverbio dice: "Antes de embarcarte en un viaje de venganza, cava dos tumbas". Parece que hay bases científicas para esta idea. Considera los descubrimientos de estas investigaciones:

- **LA HOSTILIDAD ESTÁ RELACIONADA** con la enfermedad coronaria y con la muerte prematura (Smith *et al.*, 2004).
- **LOS INDIVIDUOS QUE PASAN 20 MINUTOS** rememorando recuerdos de enojo de su pasado muestran más síntomas de distrés psicológico que cuando están descansando o rememorando recuerdos de perdón durante la misma cantidad de tiempo (Wirvliet, Ludwig y Vander Laan, 2001).

El primer hallazgo está basado en estudios que usan metodologías correlacionales, lo que significa que no es posible determinar si la hostilidad causa problemas de salud o si los problemas de salud hacen más hostiles a las personas. Sin embargo, el segundo estudio empleó una metodología experimental que permitió a los investigadores llegar a conclusiones causales. Si las señales de distrés son aparentes después de un breve ejercicio de imágenes, imagina las posibles ramificaciones de alimentar rencores por muchos años. Resulta que el rencor está relacionado con una salud mental más pobre.

IRA Y SALUD MENTAL

Los estudios demuestran que las personas con altos niveles de hostilidad son más propensas a la depresión. Por ejemplo, Stewart, Fitzgerald y Kamarck (2010) siguieron a un grupo de adultos sanos de entre 50 y 70 años de edad, durante un periodo de seis años. Los pensamientos hostiles de los participantes al inicio del estudio predijeron depresión seis años más tarde.

¿Por qué hay una relación entre hostilidad y depresión? Una posibilidad es que las personas frecuentemente reproducen malos tratos en sus mentes una y otra vez. Aun cuando inicialmente esto puede ayudar a dar sentido a lo ocurrido, también puede hacerte infeliz. ¿Por qué permitir que las experiencias infelices del pasado destruyan tu sentido de paz en el presente?

Además de impactar adversamente tu propio bienestar después del divorcio, la ira hacia tu ex podría impactar negativamente a otros, especialmente a tus hijos si eres padre.

IRA Y PATERNIDAD

Sin duda, ser padre tras el divorcio es todo un desafío cuando hay gran acritud entre los exesposos. Considera estos dos casos.

EL CASO DE AHMAD

Ahmad, de 42 años, estuvo casado durante 13 años antes de divorciarse. Tiene una hija y un hijo de 11 y seis años respectivamente. Desde el divorcio, su exesposa, Debbie, critica sus habilidades de crianza delante de sus hijos, a pesar del hecho de que es un padre amoroso y competente. Ella menosprecia su autoridad parental al insistir en recoger a los niños de su casa cada vez que ellos llaman quejándose de que su papá los disciplina (por un comportamiento legítimamente malo). Ella también desalienta activamente a sus hijos a que pasen tiempo con su padre.

EL CASO DE ISABELLA

Isabella, de 33 años, tiene la custodia primaria de sus hijos de cuatro y siete años. Su ex debe visitar a los niños cada segundo fin de semana, pero raramente lo hace.

Siempre promete llamar o pasar tiempo con ellos, sólo para dejarlos profundamente decepcionados por su incapacidad de presentarse.

Es fácil comprender por qué Ahmad e Isabella están profundamente resentidos con sus ex. Muchos padres divorciados reportan que pueden enfrentar sus sentimientos cuando sus ex los tratan mal, pero que, cuando el ex trata mal a los hijos, menosprecia su paternidad o activamente trata de voltear a los hijos en su contra, su ira explota. Es muy difícil evitar que la rabia contra tu ex afecte a tus hijos.

No obstante, frecuentemente los padres no están conscientes de cómo su ira afecta a sus hijos. A veces ponen a sus hijos en medio de discusiones sin darse cuenta de ello. La experta en divorcio Joan Kelly (2010) subraya varias formas en las que los padres ponen a sus hijos en medio después del divorcio. Algunas de ellas se resumen en la tabla 1.

TABLA 1: CINCO FORMAS COMUNES EN LAS QUE LOS PADRES DIVORCIADOS PONEN A SUS HIJOS EN MEDIO.

1. Humillar al ex enfrente de los hijos.

2. Pedir a los hijos que entreguen mensajes hostiles a tu ex.

3. Alentar a los niños a que mantengan secretos ante tu ex.

4. Pedirles a los niños que te revelen información personal sobre tu ex.

5. Desacreditar la autoridad de padre de tu ex.

¿Por qué estas acciones son un problema? Porque los niños que se encuentran en medio del divorcio de sus padres sufren mucho. Muchos niños tienen profundas conexiones con ambos padres (incluso si sus sentimientos están en conflicto) y es especialmente duro para ellos enfrentarlo cuando les piden que tomen partido.

Tal vez la mejor manera de comprender cómo el conflicto parental que sigue al divorcio afecta a los hijos es escuchar lo que ellos tienen que decir. Charlotte Hardwick reunió las cartas que los niños de padres divorciados le escribieron al juez de lo familiar en un interesante libro llamado *Dear Judge* (Querido juez). Si tienes niños y estás atravesando un divorcio altamente conflictivo, puede que te interese leer este libro. Las cartas son reveladoras, conmovedoras y muchas veces desgarradoras. He aquí una de esas cartas:

Querido juez:
- No quiero ser recadero de estúpidos mensajes de ida y vuelta.
- No quiero tomar partido.
- No quiero oír más cosas malas.
- No quiero hablar más con psicólogos infantiles.

- No quiero responder preguntas sobre la otra casa.
- No quiero tener que mentir.
- No quiero decir lo que el otro está diciendo.
- No quiero tener que decir que me gusta más aquí que allá.
- No quiero un nuevo papá o mamá.
- No quiero mudarme.
- No quiero tener que guardar más secretos.
- No quiero comparar regalos.
- No quiero escuchar más discusiones.
- No quiero tener que excusar el mal comportamiento de mis padres.
- No quiero mentir para que todos estén felices.
- No quiero tener que necesitar mis cosas que están en la otra casa.
- No quiero explicar por qué mis padres actúan como lo hacen.
- No quiero hablar de ello.
- No quiero sentirme culpable, porque los amo a los dos.*

Malachi O.

*(Hardwick, 2002: 114; copiado con permiso)

Malachi está evidentemente infeliz con sus circunstancias y con el comportamiento de sus padres. Como padre divorciado, una de las mejores cosas que puedes hacer por tus hijos es comprometerte en una honesta autorreflexión sobre cómo tus actitudes, sentimientos y acciones los afectan. Si eres un padre, te invitamos a completar el siguiente ejercicio.

EJERCICIO 1.3: REFLEXIÓN SOBRE LA PATERNIDAD/ MATERNIDAD POSTDIVORCIO

Objetivo. El fin de este ejercicio de dos partes es reflexionar sobre tus acciones como padre después del divorcio.

Considera. Éste es uno de los ejercicios más difíciles del libro porque implica reconocer la posibilidad de que, en ocasiones, tus acciones pueden haber herido a tus hijos. Por otro lado, también queremos que pienses en formas en las que has protegido a tus hijos de ser heridos. Comienza allí.

Instrucciones para la Parte A. Haz una lista de cinco acciones que has tomado durante el divorcio para proteger a tus hijos de un sufrimiento innecesario.

1.

2.

3.

4.

5.

Reflexión. Tómate un momento para darte unas palmaditas en el hombro. Las cosas que mencionaste aquí son realmente importantes y han sido una diferencia positiva en la vida de tus hijos. Debes sentirte bien por ellas. ¡Tus hijos seguramente lo hacen!

Instrucciones para la Parte B. Ahora viene la parte realmente difícil. Menciona cualquier acción que haya puesto a tus hijos en una posición difícil después del divorcio. Esto no significa que tú lo hayas hecho intencionalmente; puedes haber puesto inadvertidamente a tus hijos en medio sin quererlo. No olvides que incluso los padres realmente buenos a veces cometen errores durante un divorcio difícil y emocionalmente cargado. La voluntad de reconocer los errores requiere valor.

ACCIONES QUE PROBABLEMENTE NO FUERON ÚTILES PARA TUS HIJOS

1.

2.

3.

4.

5.

Reflexión. A veces los padres sienten una profunda tristeza al reconocer que sus acciones pueden haber herido a sus hijos. Trata de no ser muy duro contigo mismo. Todo el mundo comete errores en situaciones difíciles. Hiciste lo mejor que pudiste con lo que tenías que enfrentar en ese momento. El hecho de que ahora te tomes el tiempo de considerar estas acciones demuestra que te preocupas profundamente sobre cómo tus acciones afectan a tus hijos y que quieres aprender cómo hacer las cosas mejor para ellos.

Esta sección tocó algunas de las formas en las que la ira puede impactar negativamente tanto a ti como a aquellos que amas, después del divorcio. Ahora es momento de poner tu atención en otra importante emoción negativa que frecuentemente se experimenta a raíz de un divorcio: la tristeza.

TRISTEZA COMO UNA REACCIÓN AL DIVORCIO

Un profundo sentimiento de pérdida después del divorcio es común porque muchos aspectos importantes de tu vida han cambiado. Las preciadas relaciones interpersonales pueden deformarse de maneras sin precedentes. La pérdida de la compañía y la intimidad combinada con sentimientos de soledad puede resultar sumamente dura. Tener que dejar la casa en la que invertiste mucho tiempo y energía puede hacer que sientas que perdiste parte de ti mismo. De igual forma, muchas personas lamentan la pérdida de los sueños de la relación que tuvieron una vez. Además, la crianza de los hijos se vuelve más desafiante y no hay nada peor que no poder ver a tus hijos tan seguido como solías hacerlo.

Todas esas pérdidas pueden ser difíciles de superar y pueden contribuir al sentimiento de tristeza. Si estás experimentando una pérdida significativa, debes saber que no estás solo. Éste es el momento de apoyarte en aquellos en los que confías y se preocupan en verdad por ti. Puedes elegir buscar un amigo, un miembro de tu familia, un terapeuta o un grupo de apoyo. Si eres religioso, también puedes apoyarte en Dios o en miembros de la comunidad religiosa. Si no hay una fuente de apoyo aparente para ti, haz una investigación en internet y encuentra qué recursos de apoyo disponibles hay en tu área.

Las personas a veces ignoran o niegan las pérdidas que han experimentado tras un divorcio. Esta negación puede ayudar temporalmente porque permite que te enfoques en otras cosas, pero no es una buena estrategia a largo plazo porque no reconocer las pérdidas puede interferir con un estado de paz. Por eso, vale la pena pasar algo de tiempo reflexionando respecto a lo que has perdido.

EJERCICIO 1.4: EL PASTEL INDESEADO

Objetivo. La meta de este ejercicio es reflexionar sobre las pérdidas que has sufrido a causa de tu divorcio.

Considera. Este ejercicio puede ser difícil, así que te sugerimos que elijas un día y un momento en el que te sientas mentalmente fuerte.

Si estás deprimido, te sugerimos que esperes para realizar este ejercicio hasta que tu estado de ánimo mejore. También puedes esperar hasta contar con una fuente de apoyo, como un amigo cercano, un terapeuta o un grupo en el que puedas discutir tus respuestas.

Instrucciones para la Parte A. En este ejercicio harás una gráfica de pastel para ilustrar las pérdidas que has enfrentado. Para quienes amen cocinar o hacer lindas gráficas de pastel, ¡éste es su ejercicio!

Primero, piensa en el tipo de pastel que menos te agrade. (Por ejemplo, creemos que poner espinacas en un pastel es una afrenta para los amantes de este postre en cualquier parte). Ahora imagina que este indeseable pastel representa todas las pérdidas que has experimentado a raíz de tu divorcio.

Toma un momento para considerar las pérdidas individuales —o rebanadas— que constituyen ese pastel y enlístalas en el siguiente espacio.

Cosas que has perdido:

Instrucciones para la Parte B. Ahora que has identificado tus pérdidas, usa un lápiz para dibujar las rebanadas del pastel (ilustrado aquí) para representar qué tan profundamente sientes que cada una de esas pérdidas te ha afectado. Las rebanadas mayores se deben reservar para pérdidas particularmente difíciles, tales como no ver a tus hijos tan seguido como lo hacías antes del divorcio. Las rebanadas más pequeñas se reservarán para las pérdidas menos dolorosas (como ya no tener a nadie cerca para matar arañas). Etiqueta cada rebanada con el tipo de pérdida que representa.

Reflexión. Asegúrate de tomar el tiempo para elaborar el duelo de tus pérdidas. No hace daño llorar una vez. O dos. O tres. Asegúrate de tener una caja de pañuelos desechables cerca. Seas hombre o mujer, no hay vergüenza en llorar. De hecho, es realmente importante entrar en contacto con tu tristeza. Conforme atraviesas el proceso del duelo, trata de ser compasivo contigo mismo (véase el capítulo 3 para conocer más sobre la autocompasión). ¡Has atravesado por mucho! Es también importante hablar con alguien en quien confíes y que te escuche sin juzgarte.

Te invitamos a que vuelvas periódicamente a este ejercicio para dibujar nuevamente las líneas de tu gráfica de pastel para documentar cómo tu perspectiva cambia a lo largo del tiempo. Conforme aprendas a utilizar las estrategias de la psicología positiva en tu vida, esperamos que algunas de esas rebanadas se encojan o desaparezcan completamente.

Es totalmente normal que te sientas triste y cabizbajo a veces. Algunos dicen que el divorcio se siente como el fallecimiento de alguien cercano. Pero, si tu duelo te debilita durante semanas y evita que te involucres con tus actividades diarias, puede que estés sufriendo depresión. Aprender a identificar los síntomas de la depresión y a saber cuándo buscar ayuda son habilidades importantes que hay que tener en cuenta después del divorcio.

LAS SEÑALES DE ALERTA DE LA DEPRESIÓN

Desgraciadamente la depresión es muy común, y casi una de cada 10 personas la experimenta en algún momento (Kessler *et al.*, 2005). Las causas de depresión son complejas y pueden incluir influencias genéticas, factores biológicos, patrones de pensamiento y eventos estresantes de la vida. No todos los que padecen depresión experimentan los mismos síntomas, los cuales pueden diferir en cuanto al tipo, la duración, la frecuencia y la intensidad. Algunas personas experimentan depresión recurrente con episodios a través de sus vidas. Otros tienen depresión situacional en respuesta a un evento estresante específico como el divorcio. No obstante, la depresión es tratable y no hay necesidad de sufrir.

El siguiente ejercicio contiene un instrumento de evaluación de la depresión ampliamente utilizado: el Cuestionario de Salud del Paciente (PHQ-9; Kroenke y Spitzer, 2002). Ten presente que un diagnóstico de depresión solamente puede ser elaborado por un profesional calificado en salud mental. Sin embargo, te invitamos a realizar el cuestionario para que te familiarices con los síntomas de la depresión y para que identifiques si estás en riesgo.

EJERCICIO 1.5: EVALUACIÓN DE LA DEPRESIÓN CON EL PHQ-9

Objetivo. La finalidad de este ejercicio es que te familiarices con los síntomas de la depresión y que evalúes si estás en riesgo.

Instrucciones. Usa una escala del 0 al 3 para responder qué tan seguido te han molestado los siguientes problemas en las últimas dos semanas.

EN LAS ÚLTIMAS DOS SEMANAS, ¿QUÉ TAN FRECUENTEMENTE TE HA MOLESTADO ALGUNO DE LOS SIGUIENTES PROBLEMAS?	NADA	ALGUNOS DÍAS	MÁS DE LA MITAD DE LOS DÍAS	CASI TODOS LOS DÍAS
Menor interés o placer en hacer las cosas	0	1	2	3
Sentirte deprimido o sin esperanza	0	1	2	3
Dificultad para dormir o mantenerte despierto, o dormir mucho tiempo	0	1	2	3
Cansancio o poca energía	0	1	2	3
Falta o exceso de apetito	0	1	2	3
Sentirte mal contigo mismo, que eres un fracaso o que te has decepcionado a ti o a tu familia	0	1	2	3
Problemas para concentrarte en cosas tales como leer el diario o ver la televisión	0	1	2	3
Moverte o hablar tan despacio que otros lo perciban. O, por el contrario, estar tan inquieto que te muevas más de lo usual	0	1	2	3
Pensamientos sobre estar mejor muerto o sobre hacerte daño	0	1	2	3

Ahora suma cada columna para un total: ______ + ______ + ______ + ______

= _________ **PUNTAJE TOTAL**

Si identificaste algún problema, ¿qué tan difícil ha sido éste en tu trabajo, en la atención de tu casa o para llevarte con otras personas? (Encierra uno en un círculo).

Poco difícil   Más o menos difícil   Muy difícil   Extremadamente difícil

Puntaje total de la severidad de la depresión (Kroenke y Spitzer, 2002)

1-4 Depresión mínima
5-9 Depresión media
10-14 Depresión moderada
15-19 Depresión severa moderada
20-27 Depresión severa

Reflexión. Si alcanzaste un puntaje medio, pon atención a tu estado de ánimo. Puedes considerar buscar ayuda profesional ahora o en el futuro. Si alcanzaste un rango moderado o severo, te recomendamos enfáticamente que busques ayuda profesional.

Si te sientes deprimido, es bastante difícil pasar el día y todavía agregar la exigencia de tener que encontrar y agendar una cita con un profesional de la salud. Puede que necesites buscar a un amigo de confianza o a un miembro de la familia que te ayude en el proceso. Parte de tratar la depresión incluye buscar y trabajar para cambiar ciertos patrones de pensamiento que implican tener un ánimo deprimido. A pesar de la nota que hayas alcanzado en el PHQ-9, puedes ser susceptible a estas formas negativas de pensamiento.

PATRONES DE PENSAMIENTO DEPRESIVO

Los terapeutas cognitivos del comportamiento, como Aaron Beck (1979), se dieron cuenta de que las personas que están deprimidas tienden a tener patrones negativos de pensamiento. Muchos de estos patrones son automáticos y las personas frecuentemente no son conscientes de ellos. Los pensamientos automáticos pueden ser difíciles de identificar y cambiarlos es un desafío. Una técnica común de tratamiento para la depresión implica identificar esos patrones de pensamiento y llevar un registro de ellos, de modo que puedas discutirlos con tu terapeuta. A continuación se expresan patrones comunes de pensamiento en la depresión (Burns, 2000). Puedes reconocer algunos de ellos como formas en las que tú piensas.

- **PENSAMIENTO TODO O NADA.** En el pensamiento todo o nada, todo es blanco o negro y no hay espacio para los matices de gris. Por ejemplo, te ves a ti mismo como exitoso o como un completo fracaso: no hay punto medio. El pensamiento todo o nada frecuentemente enfatiza lo peor de ti y de las situaciones.

- **PERSONALIZACIÓN.** La personalización implica creer que tú eres responsable personalmente por cosas sobre las que tú no tienes control. Por ejemplo, el exesposo de Sally tiene un problema con la bebida y ella se culpa a sí misma por su alcoholismo. Piensa: "Si tan sólo fuera una esposa más comprensiva, no habría comenzado a beber tanto".

- **SOBREGENERALIZACIÓN.** Cuando la gente sobregeneraliza, tiende a llegar a conclusiones que van más allá de lo que está sucediendo en el presente. Por ejemplo, puedes pensar: "Estoy deprimido ahora. Siempre estaré deprimido".

- **LEER LA MENTE.** Leer la mente implica inferir lo que otro piensa a raíz de su comportamiento. Estas inferencias generalmente son negativas. Por ejemplo, John está de mal humor cuando llega a casa, de modo que su pareja piensa que debe de ser porque está enojado con ella. Ella no considera que John pudo haber tenido un mal día o que alguien más lo moleste.

- **DEBO.** Las declaraciones Debo implican tener expectativas sobre cómo la gente (incluyéndote a ti mismo) debería comportarse. El psicólogo Albert Ellis le llama *musterbation.** En una entrevista televisada (1988), Ellis dijo: "Los principales 'debo' son: 'debo hacerlo bien o no soy bueno', 'Tú, canalla, debes tratarme bien o no vales nada y mereces arder vivo en el infierno' y 'El mundo debe darme exactamente lo que quiero, precisamente lo que quiero, o es un lugar horrible y espantoso'".

- **MAGNIFICAR Y MINIMIZAR.** Cuando está deprimida, la gente tiende a magnificar los aspectos negativos de su vida y a minimizar sus propias fortalezas. Por ejemplo, uno puede tender a hacer que las situaciones parezcan peores de lo que en realidad son y a minimizar simultáneamente los recursos tanto internos como externos para enfrentarlas.

- **OTROS PATRONES DE PENSAMIENTO DEPRESIVO.** Incluyen filtros mentales (enfocarse en uno o dos detalles negativos, perdiendo de vista el cuadro completo), adivinación (predecir eventos negativos para el futuro) y pensamiento catastrófico (enfatizar y esperar el peor de los resultados posibles).

Si reconociste uno de estos patrones de pensamiento como tuyo, ¡buen trabajo! El primer paso es verlos. Con un profesional de la salud calificado, puedes comenzar a identificar más estos patrones de pensamiento que contribuyen al sufrimiento.

Un sentido de profunda pérdida después del divorcio normalmente va acompañado de ansiedad sobre el futuro. La ansiedad es otra reacción ante el divorcio que puede impactar tu ajuste postdivorcio.

ANSIEDAD COMO UNA REACCIÓN AL DIVORCIO

Dado que muchos aspectos de tu vida cambian a consecuencia de un divorcio, no es sorprendente que estés preocupado por lo que el futuro te depara. El divorcio puede sentirse como si hubieras sido arrancado de tu ambiente natural por una grúa gigante y lanzado en un lugar totalmente desconocido. De pronto te encuentras enfrentándote a la tarea de crear una nueva vida y una nueva rutina en medio de una considerable incertidumbre.

¿Te pasa a veces que te imaginas el peor de los escenarios posibles? Muchos de nosotros ideamos escenarios catastróficos en nuestras mentes, aunque sean muy poco probables. Ya en el final de su vida se reporta que Mark Twain dijo: "Soy un hombre

---

* Juego de palabras del original *must* (deber) y *masturbation* (masturbación) [N. del T.].

viejo y he conocido grandes problemas, pero la mayoría de ellos nunca sucedieron". Twain se había dado cuenta de que la gente muchas veces se somete a una preocupación innecesaria.

Es un hecho que algunas de las cosas que preocupan a las personas después de un divorcio pueden suceder. Por ejemplo, tu situación financiera puede cambiar considerablemente a causa del divorcio y puedes terminar por preguntarte cómo vas a llegar a fin de mes; las facturas se tienen que pagar y hay bocas que alimentar, a pesar del torbellino que sea tu vida personal. Algunas personas se preocupan por cómo será vivir solas. Todo aquel que atraviesa por un divorcio tiene una serie de ansiedades basadas en sus experiencias pasadas y en las circunstancias que rodean al divorcio.

Escribir tus ansiedades te puede ayudar a dar un paso atrás y a examinarlas con mayor claridad que cuando simplemente rondan por tu cabeza. El siguiente ejercicio te invita a reflexionar sobre las ansiedades que estás experimentando con relación a tu divorcio.

EJERCICIO 1.6: OBSERVAR TUS PREOCUPACIONES

Objetivo. El propósito de este ejercicio es incrementar tu consciencia sobre tus preocupaciones.

Instrucciones. Haz una lista de las cosas que te preocupan relacionadas con tu divorcio. Trata de enlistar todas tus preocupaciones, a pesar de cuán grandes o pequeñas sean.

Una vez que termines, revisa cada apartado de la lista e indica si lo que te preocupa está más o menos bajo tu control, o completamente fuera de él.

¿QUÉ TE PREOCUPA?	EL RESULTADO ESTÁ EN SU MAYORÍA O COMPLETAMENTE BAJO TU CONTROL	EL RESULTADO ESTÁ EN SU MAYORÍA O COMPLETAMENTE FUERA DE TU CONTROL

Reflexión. Lee de nuevo tu lista y hazte las siguientes preguntas.

¿Qué tan frecuentemente te ves preocupado por las cosas que mencionaste?

____ De vez en cuando.

____ Regularmente.

____ Casi todo el tiempo.

¿Qué síntomas físicos o problemas de salud, en caso de tenerlos, estás experimentando como resultado de tu preocupación?

____

____

____

De los siguientes enunciados, ¿cuáles son verdaderos para ti?

______ Nunca me preocupo por las cosas que no puedo controlar.

______ A veces me preocupo por las cosas que no puedo controlar.

______ Frecuentemente me preocupo por las cosas que no puedo controlar.

Muchos de nosotros tendemos a preocuparnos por cosas que están fuera de nuestro control. Desarrollar una mayor conciencia de cuando haces esto es un paso importante para vencer la preocupación.

Si estás experimentando mucha ansiedad y ésta afecta tu humor y tu salud, considera buscar asistencia profesional. Por fortuna, existen técnicas efectivas para ayudar al manejo de la ansiedad y un terapeuta capacitado puede auxiliarte. Puede también ser benéfico que discutas tus miedos con amigos o miembros de un grupo de apoyo de divorcio que hayan atravesado por el mismo camino. Lo que hay que resaltar es que no tienes que superar solo tus miedos.

Es un periodo desafiante, y no es extraño que te preocupes por tu capacidad de lidiar con ello. No obstante, tener dudas sobre tu capacidad de lidiar con la situación no es lo mismo que la falta de tal habilidad. ¿Es acaso posible que estés subestimando tu fuerza interna y tu resistencia? ¿Deseas trabajar para desarrollar nuevas formas de pensar y de actuar que te puedan ayudar en tu viaje hacia la sanación?

RESUMIR TU ESTADO EMOCIONAL ACTUAL

Muchas personas encuentran que la ira, la tristeza y la ansiedad relacionadas con su divorcio pueden interferir con su habilidad para disfrutar del presente. Cuando llevas estos sentimientos negativos a situaciones que no tienen nada que ver con el divorcio, puede parecer un lastre emocional que te dificulta avanzar. La cantidad de lastre que cada persona carga depende de una gran variedad de factores, como la forma en la que fuiste tratado por tu ex, el nivel de conflicto durante los procedimientos de matrimonio y divorcio, si tienes hijos, si enfrentas retos financieros y tu propio estilo de enfrentar el estrés. La tabla 2 contiene tres ejemplos de cómo el lastre o equipaje emocional puede afectar a las personas después del divorcio.

TABLA 2: Equipaje emocional y divorcio

EJEMPLOS	EVALUACIÓN DEL EQUIPAJE	DESCRIPCIÓN
1	Viajo ligero	Presento persistentes heridas de mi divorcio, pero no interfieren con mi capacidad de seguir adelante. Periódicamente pienso en estas heridas, pero no están a diario en mi mente. Viajo ligero y puedo empacar mi equipaje emocional en una mochila pequeña o en un bolso de mano.
2	Empaqué y estoy preparado para quedarme un largo rato	Siento el peso del equipaje emocional de mi divorcio. Se siente como si estuviera arrastrando una gran maleta. Pensamientos, sentimientos e imágenes relacionadas con mi divorcio ocupan mi mente de forma regular. Desearía que alguien pudiera darme una mano con la carga que arrastro.
3	Estoy absolutamente abrumado por el equipaje	Llevo conmigo tal equipaje emocional de mi divorcio que necesito contratar una pequeña vagoneta para que me acompañe a donde quiera que vaya. A mi familia y amigos les cuesta trabajo ver mi yo real debajo de esta pesada carga.

¿Cuál de estos ejemplos te representa mejor? Sin importar la respuesta, sé amable contigo mismo. No merecías ser tratado como te trataron y lo estás llevando de la mejor forma que puedes.

La buena noticia es que, sin importar cuán pesado sea el equipaje emocional que llevas, puedes elegir cuánta de esa carga seguir llevando de ahora en adelante. Asegúrate de que sea posible viajar sin que el exceso de equipaje emocional interfiera con el disfrute del viaje; las estrategias de la psicología positiva te pueden ayudar.

En este punto, ya has reflexionado sobre tu estado emocional actual y cómo tus emociones te afectan. Queremos reconocer cuán valiente ha sido este paso, especialmente si estás muy herido en este momento. El proceso de reconocer honestamente tus sentimientos, incluso los más vergonzosos, es un importante primer paso en el proceso de sanación. Ser más consciente de los patrones de pensamiento y de las cargas emocionales que llevas es un gran paso hacia la sanación tras el divorcio.

A pesar de que el divorcio implica muchas altas y bajas emocionales, hay características de la montaña rusa del divorcio que deben ser reconfortantes. Para comenzar, el viaje no durará para siempre: las cosas van a mejorar. Esto puede ser difícil de aceptar si estás deprimido o en un punto emocional bajo por ahora, pero es verdad. Aaron Beck, el fundador de la terapia cognitiva, observó que con la depresión hay una tendencia a creer que las cosas nunca mejorarán: "Los pacientes deprimidos tienen una especial inclinación a esperar futuras adversidades y las experimentan como si estuvieran sucediendo en el presente o como si ya hubieran sucedido" (Beck, 1979, 117). Esta forma de pensar, desde luego, alimenta el ciclo de la depresión. Incluso sin estar deprimidos, ninguno de nosotros somos realmente buenos para predecir cómo nos vamos a sentir en el futuro (Gilbert, 2006). Así, es mejor evitar hacer predicciones sobre tus sentimientos futuros con base en tus actuales sentimientos negativos. Tus predicciones negativas frecuentemente están mal y ciertamente no te ayudan a sentirte mejor.

De la misma forma, no olvides que hay más de una forma de tomar una montaña rusa. Algunas personas hacen el viaje aferrados al tubo de seguridad, mientras que otros alzan las manos al aire y se valen de su fuerza interior para enfrentar, superar e incluso disfrutar del viaje. Un factor importante que determina cómo experimentarás el viaje es tu perspectiva. Aplicar las técnicas de la psicología positiva puede transformar tu perspectiva y permitirte que vivas la montaña rusa del divorcio de una forma poderosa y positiva.

¿QUÉ SIGUE?

¡Wow! Este capítulo ha abarcado cosas intensas. Es un buen momento para hacer una pausa antes de seguir adelante. Puede que quieras tomarte un tiempo para estirar tus piernas, pasear al perro, checar tu correo o picotear algo del refrigerador.

El siguiente paso es comenzar a trabajar en ser más consciente respecto a tu vida diaria. Cuando estés listo, continúa con el siguiente capítulo.

CAPÍTULO 2

"¿Por qué no puedo dejar de pensar en ello?"
APRENDER A AQUIETAR TU MENTE

¿Te parece que a veces tu mente tiene vida propia? ¿Te sucede que, por más que trates de no pensar en tu divorcio, pensamientos y sentimientos incómodos te golpean como las olas que embisten la costa? Si es así, tenemos malas y buenas noticias. La mala es que ésta es una experiencia común para muchas personas que atraviesan un divorcio: tu mente simplemente no se calla. La buena es que "no puedes detener las olas, pero puedes aprender a surfear", señala Jon Kabat-Zinn (2004: 30), fundador del sistema de reducción de estrés basado en el *mindfulness*. Considera el caso de Nina.

EL CASO DE NINA

Nina ha estado separada de su esposo Kurt por dos años y están en una desagradable batalla legal sobre los términos del divorcio. La razón primordial de su divorcio es la relación de Kurt con Becky, una de sus colegas de trabajo. Becky y Kurt comenzaron a vivir juntos poco después de que él se separó de Nina y, comprensiblemente, Nina está lastimada, enojada y avergonzada. Sus emociones cambian día con día y a veces incluso de momento a momento. Está perdida en un monólogo interior, obsesionada con las razones de la relación extramarital, con el temor de quedar por siempre sola y otras narrativas complejas. Es como si en su mente hubiera un reproductor de música tocando la misma vieja canción una y otra vez, con el botón de "detener" roto.

Un día Nina llevó a sus dos hijos a su parque favorito, ¡con la mejor área de juegos de la selva a la redonda! Eran inicios de la primavera, el clima era hermoso y habían planeado pasar el día disfrutando del sol. Desafortunadamente, Nina apenas recuerda conducir hasta el sitio porque no podía dejar de pensar en la próxima audiencia de divorcio. ¿Becky estaría allí? ¿Cómo sería el resultado de la audiencia? Mientras estaban en el parque, sus hijos le pedían que jugara con ellos, pero Nina estaba cada vez más impaciente. Realmente quería que la dejaran a solas para planear la siguiente audiencia.

Como madre de dos niños pequeños, recién separada y tratando de negociar un doloroso y frecuentemente traumático proceso de divorcio, a Nina le cuesta mucho lograr la paz mental. Cuando interactúa con Kurt, con sus niños o con otras personas importantes en su vida, se descubre reaccionando con base en lo que pasa dentro de su cabeza y no con base en lo que ocurre a su alrededor. La vida se desarrolla justo delante de sus ojos, pero ella se la está perdiendo.

Sentir que estás a merced de tus pensamientos es una experiencia común para quienes atraviesan un divorcio. Afortunadamente, puedes aprender a aceptar y aquietar tus pensamientos, lo que te permitirá que respondas más creativa y efectivamente ante las situaciones, además de que te ayudará a lograr un mejor sentido de bienestar. Esto puede ser logrado a través de la práctica del *mindfulness*, que es el tema de este capítulo.

ENFOQUE DEL CAPÍTULO

En este capítulo definiremos el *mindfulness*, discutiremos por qué te puede ayudar y te daremos consejos de cómo aplicarlo a tu vida diaria mientras trabajas en tu proceso de divorcio. ¡La práctica del *mindfulness* puede ser uno de los regalos más preciosos que te puedes dar a ti mismo!

¿QUÉ ES EL *MINDFULNESS*?

El *mindfulness* es la experiencia de la conciencia libre de juicio de tu presente momento a momento. Es un estado de atención apacible enfocada en cosas que previamente podías haber ignorado, incluyendo estados internos (pensamientos, sentimientos, sensaciones corporales) y circunstancias externas (ambiente físico, interacción con otros).

El *mindfulness* se ha desarrollado durante siglos y proviene de las prácticas espirituales contemplativas encontradas en tradiciones religiosas tanto de Oriente como de Occidente. No necesitas ser religioso, o siquiera considerarte a ti mismo como espiritual, para que esta práctica mejore tu vida. Lo que hace falta es un firme compromiso de repetir consistentemente las técnicas y llevarlas a cabo con una actitud de amor y compasión hacia ti mismo. Cuando estás alerta, eres amable contigo. No juzgas tus percepciones o estado del ser. Sólo las observas y tratas de verlas por lo que son.

¿POR QUÉ MOLESTARSE CON EL *MINDFULNESS*?

Nuestras mentes tienden a correr en direcciones que tienen poco que ver con nuestra experiencia presente y, cuando esa dirección se hace pesada, fraguamos elaboradas historias de fondo, ¡algunas dignas de una producción de Hollywood! Tus historias de fondo son las narrativas que pasan por tu mente mientras tratas de darles sentido a tus experiencias. Éstas pueden reflejar adecuadamente o no la realidad —pueden estar basadas en experiencias previas, en expectativas sobre el futuro, en predisposiciones personales— y, dependiendo de su contenido, pueden incrementar los sentimientos negativos y hacer más difícil la relación con los demás.

La práctica del *mindfulness* puede contrarrestar tu tendencia a fraguar historias de fondo, pero ¿vale la pena y el esfuerzo? Después de todo, navegar el proceso de divorcio toma ya de por sí una enorme cantidad de tiempo y atención. Encima de todo, debes lidiar con las minucias de la vida diaria. Con base en la evidencia, pensamos que vale la pena considerar el *mindfulness* como un medio para cultivar quietud interior y paz mental, lo que puede hacer esta transición de la vida más fácil para ti y para aquéllos a quienes amas. Puede llevar a muchos resultados positivos.

¿Te pasa que a veces piensas en eventos del pasado una y otra vez? Cavilar o rumiar es un proceso consistente, repetitivo, en el que la atención se enfoca en eventos del pasado, lo que produce emociones negativas, como la ansiedad, el dolor, la vergüenza y los remordimientos. Como una vaca rumiante, rumiamos los pensamientos negativos. El *mindfulness* es una técnica que puedes usar para disminuir los patrones de pensamiento negativo y para reconocer cuando aquellos patrones te alcanzan (Campbell *et al.*, 2012; Jain *et al.*, 2007). A través de la apacible conciencia de tus pensamientos y emociones, conforme ocurren, su poder disminuye. Una analogía comúnmente usada relaciona la conciencia de los pensamientos con tocar burbujas de jabón. ¿Qué sucede cuando tocas una burbuja de jabón? Revienta y desaparece. Eso no significa que ya no van a aparecer más burbujas o pensamientos, pero, cuando esas burbujas son tocadas por la conciencia, pierden su forma.

REDUCCIÓN DEL ESTRÉS

El *mindfulness* no hace que el estrés por la audiencia de divorcio de Nina desaparezca, ni tampoco elimina las presiones asociadas con ser madre soltera de dos hijos pequeños, pero su práctica la ayuda a encontrar un mayor sentido de paz y bienestar. Puedes pensar en el *mindfulness* como una agarradera de autobús, que te permite sostenerte cuando el viaje se hace más intenso. No cambia la naturaleza del viaje, pero la agarradera te brinda estabilidad. Cuando te sujetas de la agarradera (en otras palabras, cuando practicas *mindfulness*), te ves menos afectado por las subidas y bajadas del coche. Puedes ver mejor al rededor y tener una imagen más clara de lo que sucede.

A lo largo de las dos últimas décadas, los estudios en intervención de *mindfulness* han examinado cómo esta técnica puede procurar el bienestar entre los individuos con trastornos psicológicos, problemas médicos y estresores diarios. Algunos investigadores usan un diseño de investigación llamado meta análisis, en el que buscan los resultados de varios estudios con el mismo tema, para examinar la consistencia de los hallazgos. Uno de esos estudios, realizado por Grossman *et al.* (2004), encontró que las intervenciones basadas en *mindfulness* ayudan a las personas a enfrentar mejor todo tipo de condiciones, incluyendo el dolor, el cáncer, las enfermedades cardiacas, la depresión y la ansiedad, así como que mejoran la calidad de vida de personas que no presentan problemas clínicos.

MEJORAR LAS RELACIONES

La historia de tu matrimonio es una narrativa complicada, llena de enganches emocionales en los que es fácil quedar atrapado. ¿Alguna vez has malinterpretado algo que tu ex dijo o hizo porque estabas escuchando esa vieja narrativa sobre tu matrimonio dentro de tu cabeza? El *mindfulness* puede disminuir la angustia de la relación, aumentar la satisfacción por ella y ayudarte a estar más en sintonía con lo que los otros quieren comunicar (Carson *et al.*, 2004). Cuando eres consciente, estás más preparado para ver y comprender las tensiones con que los otros están lidiando, lo que te puede ayudar a sentir más empatía y compasión por ellos.

FAVORECIMIENTO DE LA CLARIDAD

Ser consciente y notar de forma compasiva lo que tú piensas es la clave de la práctica del *mindfulness*. A través de esta consciencia, viene la claridad y ésta te da opciones.

Cuando eres capaz de ver las cosas por lo que realmente son, puedes elegir cómo quieres responder, en lugar de reaccionar automáticamente ante las circunstancias. Cuando estás en un estado de cavilación o rumiando pensamientos, tus opciones son limitadas porque reaccionas con base en el contenido de esas cavilaciones y de las emociones que resultan. Cuando estás consciente, ves las cosas más claramente conforme se desarrollan en el presente y es menos probable que te veas influenciado por las historias de tu mente sobre el pasado y sobre el futuro.

CLARIDAD EN MEDIO DE LA TORMENTA: LA ESFERA DE NIEVE

¿Tienes una esfera de nieve? Si no, tómate un momento para imaginar una de esas esferas de nieve y qué es lo que pondrías en ella.

La esfera de nieve de Crystal contiene un pequeño perro negro, un puesto de helados, algunos árboles altos y un Ford Mustang 1965. Cuando se sacude el globo de nieve, es difícil ver estos objetos, y algunos detalles importantes no se notan, como la raza del perro y el tipo de Mustang. De forma similar, cuando tu vida se ve sacudida por un divorcio, los pensamientos giran en tu mente y las emociones difíciles nublan tu visión. Cuanto más estresado estés, mayor resulta la tormenta interior.

Una vez que Crystal deja de agitar su globo de nieve, mira cómo ésta se asienta en el fondo, de modo que puede ver que el Mustang es un convertible y que el perro pequeño es un Boston terrier. De forma similar, cuando estás calmado y pones cuidadosa atención en tu experiencia momento a momento, puedes ver más claramente lo que sucede dentro y a tu alrededor. La quietud cultivada asienta la tormenta de nieve y, a pesar de que la nieve sigue en el piso, no interfiere con tu capacidad de ver claramente. Así es como la atención consciente y dirigida puede llevar a la claridad.

CULTIVAR LAS ACTITUDES CORRECTAS PARA PROMOVER EL *MINDFULNESS*

De acuerdo con Kabat-Zinn (2013), el *mindfulness* se facilita mediante el cultivo de siete actitudes interdependientes. Desarrollar y nutrir estas actitudes formará una sólida base en tu práctica de *mindfulness*.

- **AUSENCIA DE JUICIO.** Tu mente naturalmente categoriza y evalúa tus experiencias. Al ser un observador imparcial de esta actividad, es menos probable que te dejes arrastrar por la narrativa. Por tanto, el *mindfulness* implica no juzgar tus pensamientos sino sólo observarlos. Mientras experimentas miles de emociones detonadas por tu divorcio, tu trabajo es observar compasivamente tanto lo que sucede dentro como a tu alrededor, estando presente en lo que se desarrolla en cada momento.

- **PACIENCIA.** Es importante ser paciente con el proceso de divorcio, así como aprender a comprender y a aceptar que las cosas suceden a su propio tiempo. Al examinar la actividad de la mente, aceptas que puede disiparse, pero no te dejas llevar. Ella hace su trabajo, mientras tú pacientemente observas y estás abierto para lo que cada momento trae hasta ti.

- **MENTE DE PRINCIPIANTE.** La apertura a nuevas experiencias tras el divorcio se puede facilitar al cultivar una mente de principiante, es decir, la actitud de que lo viejo es nuevo. Es la voluntad de observar las cosas desde una perspectiva nueva, como si las estuvieras viendo por vez primera. "En la mente del principiante hay muchas posibilidades, pero en la del experto hay pocas", dice el maestro Zen Shunryu Suzuki (2006: 1). Esto promueve la apertura a nuevas experiencias y evita que te quedes atorado en nociones preconcebidas.

- **CONFIAR EN TI MISMO.** Puede que no siempre comprendas por qué ocurre lo que ocurre, pero, si confías en ti mismo conforme las cosas suceden, puedes encontrar seguridad ante de la inestabilidad. Esto es especialmente cierto cuando enfrentas los giros y quiebres inesperados que el divorcio puede traer. La confianza implica seguridad y fe en tu propia sabiduría y bondad, además de que puede llevar a la responsabilidad personal. Mediante la observación libre de juicio de tus pensamientos, sentimientos y circunstancias, puedes aprender a confiar más plenamente en tu propia experiencia, intuición y autoridad, a actuar conforme tu propia verdad.

- **ABANDONO.** ¿Cuándo fue la última vez que te aconsejaron no trabajar tan duro? Contrario a los dictados de nuestra cultura orientada a los logros, el *mindfulness* necesita del abandono, dado que no hay nada más que hacer que estar tan presentes como sea posible. El cómico Paul Dean una vez dijo: "Lo bueno de la meditación es que no hacer nada se vuelve algo respetable". El *mindfulness* es estar disponible para experimentar más plenamente lo que ya está aquí. Lo único que hay que hacer es estar aquí y ahora, completamente conscientes. Esto puede ser un pensamiento reconfortante mientras atraviesas el divorcio.

- **ACEPTACIÓN.** La aceptación es la voluntad de ver las cosas como son sin tratar de cambiarlas. No significa que condones o apruebes todo, sino hacer el esfuerzo de mirar las cosas tal como son, sin ver la vida a través de las historias de fondo que tu mente adora crear. Aceptar es abrazar lo que surge dentro tal cual es.

- **SOLTAR.** La actitud final es soltar. Soltar te permite ver lo que sucede por lo que es y dejarlo ir de todas formas. No tratas de alejar activamente los pensamientos o los sentimientos incómodos, ni te aferras a los placenteros. Los miras y los dejas ir. Es probable que vuelvan de una forma o de otra, y necesitarás soltar algunas cosas, una y otra y otra vez, mil veces. Sabemos que tendrás una gran oportunidad de practicar esto durante el divorcio y después de él. Aquí es donde entra en juego la paciencia, ¿cierto?

APRENDER A SER MÁS CONSCIENTE

¿Cómo aplicas el *mindfulness* en tu propia vida? De hecho, hay muchos enfoques para la meditación *mindfulness* y no podemos cubrirlos todos aquí. Nuestro objetivo es brindarte algunas técnicas básicas que te iniciarán en la práctica del *mindfulness*. Abordaremos algunas estrategias que puedes usar para ser más consciente de tu respiración, de tus sensaciones corporales, pensamientos y sentimientos, de modo que puedas habitar cada momento de tu vida de forma plena.

TU RESPIRACIÓN ES TU ANCLA

Si estás vivo, respiras (está bien, eso es obvio). Pero a pesar de que tu respiración es tu compañía constante sin importar lo que sucede alrededor, esta aliada indispensable muchas veces es ignorada. La respiración te ofrece el ritmo fundamental de la vida y está contigo hasta que tu cuerpo físico muere. Con cada inhalación, eres renovado; con cada exhalación, sueltas y dejas ir. La respiración es un indicador tanto de tu ser físico como de tu ser emocional. Cuando te ejercitas físicamente o estás molesto emocionalmente, tu respiración se hace más rápida o incluso puede ser dificultosa. Con la relajación física y emocional, se hace más lenta y profunda. A veces tu respiración es superficial; otras, lenta y profunda. En respuesta a los diversos eventos, puedes trabajar para "recuperar el aliento" o puedes experimentar algo que te "quita el aliento". En la práctica del *mindfulness*, la respiración es central y puede ser utilizada como un ancla y estabilizador en tiempos de estrés. Tómate un momento para hacerte consciente de tu respiración.

EJERCICIO 2.1: OBSERVAR TU RESPIRACIÓN

Objetivo. La meta de este ejercicio es que te sintonices con tu respiración.

Instrucciones. Cuando hayas terminado de leer estas instrucciones, deja el libro y siéntate por un momento o dos a observar tu respiración con tus ojos ligeramente cerrados. Luego vuelve al libro.

Reflexión. ¿Cómo fue para ti? ¿Notaste cómo tu respiración viaja a través de tu nariz? ¿Sentiste tu pecho subir y bajar lentamente? ¿Fuiste consciente de tu respiración en tu labio superior conforme inhalabas y exhalabas? ¿Respirabas profundamente o era una respiración más superficial? Hay muchas otras observaciones que puedes hacer. ¿Quién sabía que la respiración era tan interesante? Escribe tus observaciones en el espacio destinado a ello.

Cuando seas consciente de tu respiración, recuerda que simplemente la estás observando. Aunque habrá veces en las que conscientemente tomarás la decisión de disminuir su velocidad, respirando profundamente, por ahora trata simplemente de acostumbrarte a ella observándola. No la analices. No la evalúes. Sólo respira y observa lo que se desarrolla momento a momento.

INCREMENTAR TU CAMPO DE CONCIENCIA

La práctica del *mindfulness* implica observar tus pensamientos, sentimientos, sensaciones corporales y estímulos externos. Cuando nos estresamos por los acontecimientos de la vida, como los que se experimentan mientras se navega en el proceso de divorcio, el cuerpo y la mente se pueden acelerar; puedes experimentar sensaciones

corporales incómodas, así como emociones y pensamientos dolorosos. Y probablemente estás bien motivado para detener este dolor. Pero el *mindfulness* te enseña
que no tienes que distraerte por estas experiencias incómodas. Al enfocarte en la
consciencia compasiva de estos sentimientos incontrolables o de las sensaciones corporales o pensamientos, te das cuenta de que estas experiencias van y vienen, que no
son estáticas. La incomodidad no dura por siempre: se va y sobrevives.

Puede ayudarte pensar en la consciencia como el eje de una rueda a partir del cual
se extienden los rayos hacia las diferentes partes del armazón: los rayos representan
la conciencia dirigida y el armazón representa en cambio tus sentidos y el contenido
de tu mente (véase figura 1). En cualquier momento, puedes dirigir tu atención hacia
diferentes partes del armazón de la experiencia. Por ejemplo, en el ejercicio 2.1, te enfocas en la sensación de respirar, que es una de las muchas sensaciones y experiencias
que hacen ese armazón.

Figura 1: Rueda de la Consciencia

Como se observa en la ilustración, puedes enfocar selectivamente tu atención hacia
los diversos aspectos de tu experiencia interna y externa. Un potencial enfoque puede
ser hacia tus pensamientos.

PONER ATENCIÓN AL PARLOTEO DE TU MENTE

El estrés que sigue al divorcio frecuentemente está compuesto por un incesante parloteo que puede llenar tu mente. Muchas personas divorciadas se enfocan en los eventos negativos que ocurrieron o se preocupan obsesivamente por lo que pasará en el futuro. Tratan de alejar estos pensamientos, pero es en vano, y pueden lastimarse a sí mismos por ser incapaces de controlar lo que ocurre en sus cabezas. Es como si, al decirte a ti mismo que no pienses en tu situación, en realidad fuese una invitación a pensar más acerca de todo el asunto del divorcio.

De hecho, las investigaciones sugieren que tratar de suprimir un pensamiento —especialmente durante largos periodos— produce incluso más pensamientos sobre aquello en lo que no quieres ya pensar.

En un estudio clásico (Werner *et al.*, 1987), se le pidió a un grupo de participantes que no pensara en un oso blanco. Sin mayor sorpresa, fueron incapaces de suprimir pensamientos sobre un uso blanco. Al mismo grupo después se le pidió que pensaran en un oso blanco. Las respuestas fueron comparadas con un grupo al que se le había pedido desde el inicio del experimento que pensara en el mismo animal. Aquéllos a los que se les pidió que no pensaran en él, reportaron pensar en él más frecuentemente que los del otro grupo. La mayoría de las investigaciones sobre este paradójico efecto de supresión del pensamiento demostró que la gente puede ser capaz de evitar exitosamente pensamientos durante un breve periodo, pero no a largo plazo (Abramowitz, Tolin y Street, 2001).

La mente humana constantemente produce pensamientos. Tratar de evitar que tu mente divague para no tener pensamientos sería como tratar de que tus ojos no lloren o tu boca no produzca saliva (o tu estómago no haga ruidos durante reuniones importantes cuando tienes hambre). Gran parte del tiempo, tu mente va por su alegre camino, disfrutando juicios, contemplaciones, cavilaciones y obsesiones, y tú ni siquiera te das cuenta de que eso sucede. Para permanecer anclado en el presente, para responder a lo que sucede aquí y ahora, primero tienes que estar consciente del parloteo de tu mente (un terapeuta que trabajó con Crystal en un entrenamiento de *mindfulness* le llamó el "parloteo del mono", ¡una excelente descripción!).

Gran parte del parloteo de la mente toma la forma de juicios o evaluaciones. Por ejemplo, tú puedes comparar tus experiencias con experiencias similares del pasado y considerar si cumplen o no tus expectativas. Estos juicios son como una lente borrosa a través de la que percibes los eventos de tu vida. Por tanto, es difícil ver y experimentar completamente el momento presente.

Dado que el parloteo de la mente está frecuentemente fuera de tu consciencia, el primer paso es hacer un esfuerzo consciente para notarlo. ¡No es fácil! Si eres como la mayoría de la gente, no has considerado a tus pensamientos como objetos de atención y la narrativa que va por tu cabeza tal parece que simplemente sucede. Si esto es verdad, no esperes que poner atención al parloteo de tu mente sea fácil desde el principio. Examinar el contenido de tus pensamientos requiere trabajo y diligencia. ¿Listo para el reto?

EJERCICIO 2.2: FAMILIARIZARTE CON TUS PATRONES DE PENSAMIENTO

Objetivo. El ejercicio pretende ayudarte a desarrollar el hábito de monitorear el parloteo de tu mente.

Instrucciones. Tómate un momento para hacer una revisión de tu mente. ¿Qué pensamientos están pasando por tu mente? No te censures. Escribe algunos de ellos.

Pensamientos

Ejemplo: Estoy pensando en todas las cosas que tengo que hacer hoy.

____

____

____

____

Reflexión. ¿Cómo te fue? ¿Fácil? ¿Difícil de algún modo? Mientras observas lo que has escrito, ¿qué tipo de pensamientos tienes? ¿Juicios, fantasías, preocupaciones? ¿Qué vas a cenar (el pensamiento favorito de Mark)? ¿O hiciste un monólogo (o un diálogo)? Por favor, debes saber que, sea lo que sea que estés pensando, está bien. ¡No te juzgues por pensar! Lo importante es notarlo.

Si te fue bien con ese ejercicio, queremos que escribas lo que pasa por tu mente algunas veces al día, sea que uses el siguiente espacio del ejercicio 2.3 o que escribas en tu diario. Ya que el proceso de estar alerta al flujo de tus pensamientos puede ser difícil, hacer este ejercicio te creará el hábito de hacer una revisión de tu mente conforme avanzas. Si después del primer día encuentras que te está resultando difícil recordar hacer la revisión de tu mente, puede ser útil establecer algún recordatorio.

Algunos de nuestros pacientes divorciados ponían la alarma de sus celulares para acordarse durante el día. Otros usaban un brazalete especial o alguna otra pieza de joyería que no utilizaban de forma habitual: el verla les recordaba que debían monitorear sus pensamientos. Otros usaban notas de papel adherente por toda su casa o espacio de trabajo (funciona si las mueves cada día).

EJERCICIO 2.3: MONITOREAR TUS PENSAMIENTOS A LO LARGO DEL DÍA

Objetivo. La finalidad de este ejercicio es mejorar tu habilidad de monitorear tus pensamientos.

Instrucciones. Durante los siguientes tres días escribe lo que pasa por tu mente algunas veces al día. Por favor, no juzgues el contenido de tus pensamientos como buenos o malos, aceptables o inaceptables. Simplemente obsérvalos.

FECHA	QUÉ ESTABAS HACIENDO	QUÉ PASABA POR TU MENTE
DÍA 1 / /		
DÍA 2 / /		
DÍA 3 / /		

Reflexión. Al final de los tres días, ¿cómo fue este proceso para ti? ¿Monitoreaste tus pensamientos de forma más automática al pasar los días? ¿Necesitaste apoyarte en recordatorios?

____

____

¿Qué observaste sobre el contenido de tus pensamientos? ¿Qué tanto de tu narrativa personal está ligada a tu divorcio? ¿Descubriste algo sorprendente?

____

____

¿Notaste alguna conexión entre lo que estabas haciendo o la hora del día y lo que pasaba por tu mente?

____

____

¡Felicidades! Estás progresando en tu viaje de *mindfulness*. Al examinar con tranquilidad lo que pasa por tu mente a lo largo del día, puedes comprender mejor tu vida interior y cómo ésta se conecta con lo que sucede en tu mundo exterior.

Puede que hayas notado que estás teniendo algunos temas repetitivos entre tus pensamientos. En la historia de Nina usamos la analogía de tales temas como un reproductor de música que toca la misma canción una y otra vez, sea que la quieras escuchar o no. ¿Esto también resuena contigo? En tal caso, ¿cuál es la canción que se repite en tu mente? Uno de los pacientes de Crystal solía tocar la canción "Si tan sólo yo hubiera…" una y otra vez. Toma un momento para reflexionar sobre esas viejas melodías que se repiten en tu mente. ¿Cuál sería el título? En otras palabras, ¿cuáles son los temas que más se tocan en tu aparato de música interno?

EJERCICIO 2.4: TU *PLAYLIST* INTERNA DE PENSAMIENTOS

Objetivo. Este ejercicio te ayudará a estar en contacto con el contenido de tu parloteo mental al poner atención en los temas predominantes de tu *playlist* interna de pensamientos.

Instrucciones. Escribe un par de títulos de canciones que reflejen los pensamientos que corren repetidamente por tu cabeza. Puedes valerte de nombres reales de canciones o pueden ser totalmente inventados por ti. ¡Sé creativo!

Playlist.
Lista de títulos de canciones de tu *playlist* interna
Canción 1 ____
Canción 2 ____
Canción 3 ____
Canción 4 ____

Reflexión. ¿Qué temas notaste? ¿Cuál parece ser tu hora de estar al "aire"?

____

____

____

Conforme nombres y examines estos recurrentes temas, tenderán a perder su poder y soltarlos se hará más fácil. Es probable que lleves un largo tiempo con estos temas y puedes encontrar que necesitas soltarlos una y otra vez. Está bien: ¡es sólo parte del proceso!

DESARROLLAR TU PROPIA PRÁCTICA DE MEDITACIÓN *MINDFULNESS*

Como todas las habilidades valiosas, aprender cómo ser más consciente requiere dedicación. En esta sección, presentamos una breve introducción sobre cómo comenzar una práctica formal de meditación. La práctica formal básicamente establece la base para poner en marcha el *mindfulness* en la vida diaria.

Hace varios años, Crystal se sintió atraída por la meditación y acudió a una clase gratuita en un centro local de meditación. Había cerca de 30 personas en la sala sentadas en sillas y en cojines distribuidos por el suelo. El incienso ardía y había un decorado asiático en las paredes. El líder, un hombre de unos 30 años, sentado de piernas cruzadas sobre un cojín frente al grupo, explicó que iba a conducir al grupo a una meditación, habló sobre las razones detrás de los diversos componentes de la práctica y pidió a los asistentes que explicaran por qué estaban allí. Crystal, quien no es tímida, inmediatamente levantó su mano y dijo: "Yo estoy aquí porque quiero acallar mi mente. Quiero ser capaz de tener unas vacaciones mentales de cuando en cuando. Quiero no pensar en nada". El líder sonrió graciosamente. Dijo que había muchas formas de meditación y que la forma que él iba a conducir —meditación Vipasana— era una meditación de atención. En lugar de buscar poner la mente en blanco, instruyó a los participantes a notar tranquilamente lo que pasaba por sus mentes. Y, al hacerlo, paradójicamente sus mentes comenzaron a tranquilizarse. Bueno, durante la primera meditación formal (que duró una hora) la mente de Crystal iba a toda velocidad, sus pies se durmieron, sentía un calambre en el cuello, y una enorme mosca kamikaze le bombardeaba el oído. Salió sintiéndose desalentada y preocupada porque no lo había hecho bien. Pasó un tiempo antes de que lo intentara de nuevo.

Crystal tenía ideas equivocadas comunes sobre la meditación. A pesar de que la meditación tiene muchas formas, no se trata de poner la mente en blanco, sino de estar alerta de lo que está presente. Hacer meditación es como tomar un momento para mirar el cielo. Pueden pasar días sin que notes el cielo o sin que siquiera lo mires. Pero, cuando te detienes a mirar, puedes darte cuenta de todas las cosas interesantes que pasan por allí: hermosas nubes, aves, un dirigible o un ovni. Los objetos que cruzan el cielo son como el contenido de la mente: pensamientos, sentimientos, sensaciones corporales, sonidos, el ritmo de tu respiración. Todo ello va y viene, casi siempre sin que lo notes. Sin embargo, cuando meditas, te vuelves consciente de ello y simplemente lo miras pasar. El truco es no dejarte llevar por lo que observas.

Crystal estaba contenta de saber que no hay buena o mala meditación, sino que la experiencia que tienes mientras meditas es la que debe ser, así que aprendió que meditar por más de una hora la primera vez que lo intentas es como correr un maratón luego de haber pasado mucho tiempo echado en el sillón, comiendo donas y mirando la repetición de *Seinfeld*. Es más inteligente comenzar tu práctica de meditación *mindfulness* gradualmente y trabajar en periodos cada vez más largos.

Comienza gradualmente, con sólo unos pocos minutos cada día, y poco a poco esfuérzate por llegar a 20 minutos o más. Aparta al menos 10 minutos en los que no seas interrumpido por el teléfono, por tus hijos o por algo más. Mucha gente medita por la mañana, antes de que el resto de la casa despierte; algunos prefieren hacerlo justo antes de irse a la cama; otros, durante el día, cuando no los molestan. A pesar de que puedes recostarte mientras meditas, te recomendamos una meditación sentado al inicio —quieres estar despierto, ¡no dormido!—. He aquí un ejercicio para que inicies. Aunque vemos muchos beneficios en la práctica regular de la meditación, trata por ti mismo. Haz un compromiso de meditar regularmente durante un par de semanas y luego evalúa tú mismo los beneficios.

EJERCICIO 2.5: UNA INTRODUCCIÓN A LA MEDITACIÓN SENTADO

Objetivo. El propósito de este ejercicio es introducirte a la meditación sentado.

Instrucciones. Durante la siguiente semana, aparta unos 10 minutos cada día para meditar en un lugar en el que nadie te moleste.

De ser posible, siéntate en un cojín o en una almohada en el piso, ya sea con las piernas cruzadas, o en una postura de rodillas con el cojín o almohada entre tus pies. Si no puedes sentarte en el piso, siéntate derecho en una silla y apoya los pies en el suelo.

Pon un temporizador por 10 minutos. (Los celulares son excelentes para esto, siempre y cuando no recibas mensajes o llamadas).

Asegúrate de que tu espina dorsal esté recta, con tus hombros hacia atrás y relajados. La postura es importante. Debes adoptar una postura digna en la que tu espalda, cuello y cabeza estén alineados verticalmente, mientras tus manos descansan cómodamente en tu regazo o sobre tus rodillas.

Ahora enfócate en tu respiración. Recuerda el ejercicio 2.1, en el que observaste tu inhalación, tu exhalación y todas las cosas que pudiste notar. Tich Nhat Hahn (1991), un maestro zen, recomienda una técnica para ayudarte a enfocarte en tu respiración: mientras inhalas, repite en silencio: "Al inhalar, sé que estoy inhalando". Cuando exhales, repite en tu mente: "Al exhalar, sé que estoy exhalando". Esto une el cuerpo y la mente.

Está bien si tu mente divaga. Es lo que hace. Cuando se vaya a otro lugar, simplemente de forma dulce y firme regresa tu atención a tu respiración. Tienes que hacer esto muchas, muchas veces durante una meditación de 10 minutos. Es perfectamente normal. Te estás entrenando para estar más plenamente presente en el momento y ése es un proceso que requiere tiempo y paciencia.

Si necesitas cambiar tu posición física, está bien igualmente. Sólo hazlo de forma consciente. Pon atención a tu cuerpo en el espacio y a tu cuerpo como un todo cuando se mueve.

Reflexión. Después de hacer tus sesiones de meditación sentado cada día, escribe algunas frases sobre tu experiencia. *¿Qué aprendiste de ti? ¿Fue sencillo? ¿Fue difícil?* Incluye cualquier otra observación que quieras sobre la experiencia.

Si estás viendo a un terapeuta o eres parte de un grupo de apoyo, comparte algunas de tus observaciones con los demás. *¿Cómo han sido sus experiencias con la meditación sentados?*

DÍA 1	
DÍA 2	
DÍA 3	
DÍA 4	
DÍA 5	

Si así lo deseas, incrementa el tiempo de meditación durante la segunda semana a 13, 14 o 15 minutos por día. Ve si puedes llegar hasta 20 minutos. Tal vez pienses: "¿Veinte minutos? ¿Están locos? ¿Cómo voy a poder dedicar ese tiempo entre pasear al perro, trabajar todo el día, preparar la cena, pagar las cuentas, estar pendiente de mamá y jugar Scrabble con los amigos?". Muchos de nosotros somos excelentes para ocuparnos de las necesidades de los demás, pero no tan buenos para ocuparnos de las nuestras. Al dedicarte este tiempo para cuidar de tu bienestar, comienzas a ser amable y amoroso contigo mismo. Te estás enviando el mensaje de que no importa cuán locas se pongan las cosas, "haré algo por mí y lo valgo". Mientras más consciente y en paz estés, mejor equipado estarás para ayudar a quienes te rodean.

MINDFULNESS EN LAS RELACIONES INTERPERSONALES

Puedes aplicar las habilidades del *mindfulness* para ser más atento en tus relaciones interpersonales. Si te puedes comprometer contigo a ser consciente tanto de qué es lo que pasa dentro de ti como de qué es lo que pasa con la gente a tu alrededor, es más probable que desaceleres y hagas una pausa antes de responder cuando las emociones y el estrés vayan a mil. ¡Esto puede ser útil en la crianza conjunta o para lidiar con tu exesposo! No significa que nunca sentirás ira, frustración, decepción o cualquier otra emoción negativa al interactuar con otros, pero puedes aprender a ser más receptivo ante estos sentimientos, darte cuenta de ellos y dejarlos ir, en lugar de aferrarte a ellos o evitarlos.

Dado que estás padeciendo las agitadas aguas del divorcio, te aseguramos que en breve tendrás una interacción emocionalmente cargada con alguien relacionado con tu divorcio: tu ex, tus hijos, tu abogado o alguien más. Entonces, la próxima vez que interactúes con personas en tu vida que podrían interpretar un papel digno del Óscar al mejor drama, toma nota y usa esa oportunidad para practicar el *mindfulness*. El siguiente ejercicio te ayudará a estar más alerta de tus experiencias.

EJERCICIO 2.6: LA INFLUENCIA DE LA HISTORIA DE FONDO SOBRE TUS PENSAMIENTOS, SENTIMIENTOS Y CUERPO

Objetivo. La meta de este ejercicio es comprender mejor el impacto que tus historias de fondo (las historias elaboradas que fraguas sobre las situaciones) tienen en tu capacidad de ver las cosas tal como son y darte cuenta de qué es lo que se está presentando.

Instrucciones. La siguiente vez que tengas una interacción emocional intensa con alguna de las personas relacionadas con tu divorcio, realiza este ejercicio.

Durante la interacción, observa tus pensamientos: ¿qué sentimientos surgen? ¿Cómo reacciona tu cuerpo? Obsérvalo detenidamente. No evites la incomodidad ni trates de cambiar nada; simplemente presta atención a lo que ocurre conforme se desarrolla.

Haz lo posible para dejar ir tu historia pasada —probablemente tendrás que hacer esto una y otra vez— y mira al otro con los ojos de un principiante. Escucha lo que el otro dice como si nunca antes lo hubieras oído hablar. Mira su lenguaje corporal como si fuera la primera vez que lo vieras. Si te das cuenta de que estás reaccionando emotivamente, simplemente nótalo: "Me estoy sintiendo enojado", o bien, "¡Qué frustrante!". Y antes de que respondas, haz una breve pausa y elige cómo te gustaría hacerlo.

Responde conscientemente a esta persona.

Hazlo todo de forma compasiva.

Ten presente. Puede ocurrir que tus respuestas no sean ideales. Está bien. Observa tus pensamientos al respecto. Recuerda: ésta es una oportunidad de practicar el *mindfulness* externo. (Si lo pudieras hacer perfectamente, no se llamaría práctica,

¿cierto?). No uses este ejercicio como una excusa para golpearte a ti mismo porque no estás haciendo las cosas bien. Tan sólo te pedimos que observes lo que sucede tanto interna como externamente, de una forma dulce y compasiva.

Reflexión. Brevemente describe la situación y la historia de fondo. Describe tus sentimientos tal como los observaste en ese momento.

____

____

¿Cómo estaba reaccionando tu cuerpo?

____

____

¿Cómo fue estar en ese momento con la persona?

____

____

¿Cómo le respondiste a esa persona? ¿Sentiste que tenías posibilidad de elegir sobre cómo responder? ¿Por qué sí o por qué no?

____

____

Aprender a escuchar conscientemente a los demás tiene el potencial de transformar tus interacciones personales. Busca otras oportunidades durante la semana para emplear la escucha consciente y ve si puedes comenzar un estilo de vida consciente.

MINDFULNESS COMO UNA FORMA DE VIDA

No hacer y sólo ser durante unos minutos al día puede fortalecer tu músculo de la consciencia para vivir día con día. Te brindará una sólida base que puede ayudarte a vivir tu vida más plenamente y a ver lo que ésta te ofrece momento a momento. Si lo piensas, es todo lo que tenemos: lo que está aquí y ahora. Como dijo la madre Teresa: "El ayer se fue. El mañana no ha llegado. ¡Sólo tenemos el hoy!".

El pasado ya sucedió y tus recuerdos o remordimientos son simplemente pensamientos, emociones o memorias sobre lo que ya ocurrió. El futuro aún está por venir y tu planeación compulsiva o tus preocupaciones obsesivas sobre él son tan sólo pensamientos que cruzan por el cielo de tu conciencia.

No puedes controlar el futuro. Lo que es real es lo que tienes ahora delante de ti. Si no eres cuidadoso, el pequeño simio dentro de tu cabeza puede robar la vida que está por desarrollarse.

Sabemos que es muy difícil estar constantemente consciente de tu experiencia momento a momento pero, cuanto más practiques, más de esos momentos de claridad y de completa presencia comenzarán a multiplicarse. Si la experiencia es positiva, no tienes que aferrarte a ella. Si es negativa o dolorosa, no tienes que evitarla. La notas, la experimentas y la dejas ir. Si te sumerges en ella, lo notas y la dejas ir. Y entonces puedes elegir. ¡Qué precioso regalo!

¿QUÉ SIGUE?

Ahora que tienes las bases para vivir más consciente, vamos a invitarte a que cultives el sentido de autocompasión conforme atraviesas el accidentado terreno del divorcio. La autocompasión no sólo promueve un estado mental de paz, sino que también te ayuda a conectarte mejor con otros.

CAPÍTULO 3

"¿Por qué no puedo lidiar mejor con todo esto?"
DESARROLLAR LA AUTOCOMPASIÓN

¿Tienes esa voz interior que siempre tiene mucho que opinar cuando cometes un error o después de que actuaste de una forma poco menos que perfecta? ¿Esa voz que habla y habla señalando todas las omisiones y las debilidades de carácter? ¿A quién te recuerda esa voz? ¿A Simon Cowell de *American Idol?* ¿A uno de tus hipercríticos padres? ¿A la quisquillosa maestra de la secundaria? Muchos de nosotros hemos tenido que luchar contra ese habitante interior crítico que tiene mucho que decir sobre quiénes somos y lo que hacemos. Atravesar por un divorcio implica una serie de etapas que sirven para que ese buscador de culpas se eche a andar y, como resultado de ello, te puedes sentir inadecuado, deprimido, ansioso o todo lo anterior. ¿Cómo puedes relacionarte contigo mismo de una forma más sana cuando te enfrentas a toda tu imperfecta humanidad? La autocompasión puede ayudarte a lidiar con tu crítica interior.

EL CASO DE MIKE

Las palabras de su padre seguían taladrando la mente de Mike: "¡Las personas en nuestra familia no se divorcian! Tiene que haber algo mal en ti, Mike. Aparentemente no tienes lo necesario para que un matrimonio funcione". Mike se había imaginado que su padre respondería de forma crítica ante la noticia de que él y su esposa Danielle habían iniciado los trámites de divorcio. No obstante, escuchar a su padre despotricar de ese modo hizo sentir a Mike como un chico de 12 años. Le recordó la misma diatriba que había escuchado cuando le dijo a su padre que abandonaría la liga de verano de futbol. Era el mismo mensaje: "No das la talla, no eres lo suficientemente bueno".

Mike reflexionó sobre lo que su papá le había dicho: "Supongo que tiene razón: hay algo malo en mí. Seré el primero de la familia en divorciarse. Sin importar lo que hiciera, no podía logar que las cosas funcionaran con Danielle. Resulté ser todo un perdedor".

La verdad sea dicha: Mike le pidió a Danielle que fueran juntos a terapia muchas veces, pero ella se negó. A lo largo de su matrimonio, se preocupó por la tendencia de su esposa de ser cada vez más distante emocionalmente y por su falta de voluntad para comunicarse sobre lo que necesitaban trabajar como pareja. Mike quería aprobación y sentirse seguro. Trató de hacer las cosas bien con Danielle, pero tenía una memoria selectiva sobre cómo se desarrollaron los eventos.

Desafortunadamente, Mike veía la ruptura como un fracaso personal. Ahora Mike siente una gran culpa sobre el divorcio y no puede creer que alguien haya sufrido lo que él padeció en los últimos ocho meses. Usualmente era una persona abierta que salía con sus amigos, pero ahora Mike se está volviendo cada vez más aislado y pasa gran parte de su tiempo libre viendo televisión o jugando videojuegos solo. Su mente está preocupada repasando el pasado, tratando de entender qué hizo mal, qué creó tal desastre. Si la tendencia de Mike para golpearse emocionalmente se manifestara en forma de moretones físicos, estaría negro y azul de pies a cabeza.

¿Algo de esto te parece familiar? Los patrones autorrecriminatorios de Mike no sólo están haciendo su vida interior miserable, sino que lo llevan a comportamientos que exacerban los efectos de su ya de por sí estresante divorcio. Por ejemplo, cuando realmente necesita estar rodeado de gente que lo apoye y se preocupe por él, Mike se aísla. En lugar de enfrentar las emociones que surgen para seguir adelante con su vida, prefiere distraerse. Se relaciona consigo mismo en una forma dura y llena de juicio; posiblemente es la única forma que conoce. Pero tú puedes aprender a recorrer un camino diferente, tomando el sendero de la autocompasión.

ENFOQUE DEL CAPÍTULO

Este capítulo te ayudará a explorar las razones por las que tiendes a ser duro contigo mismo. Definiremos la autocompasión, discutiremos sus beneficios y ofreceremos estrategias para que seas más amoroso y gentil contigo mientras lidias con tu divorcio.

¿POR QUÉ ERES TAN DURO CONTIGO?

Muchas personas enfrentan a un crítico interior que asoma su horrible cabeza cuando las circunstancias son más difíciles. Desgraciadamente, esta voz interior empeora las cosas. ¿De dónde proviene la voz crítica?

MENSAJES CULTURALES Y FAMILIARES

Podemos imaginar la respuesta del papá de Mike al ensalzar los beneficios de ser amable contigo mismo: "¿Autocompasión? Suena como algo cursi y débil". Su respuesta no es inusual en nuestra sociedad. ¿Acaso la autocompasión no te volverá débil y flojo? Cuando estás sufriendo, ¿no debes "animarte", "salir adelante, muchachote (o muchachota)", o "al mal tiempo buena cara", mientras repites el mantra "los malos tiempos no duran por siempre, pero la gente fuerte sí"?

Los mensajes recibidos por parte de una larga cultura robustecen al crítico interior en todos nosotros. Más aún, muchos de nosotros fuimos criados por familias donde la crítica no era un camino para mejorar, sino un deporte. El impacto de tus padres o de otros cuidadores significativos sobre la forma en la que te hablas a ti mismo es relevante. Internalizas su crítica —su contenido, tono, tiempo, frecuencia— como un modelo de cómo te tratas a ti mismo. Estos modelos de trabajo, llamados *esquemas*, pueden determinar si eres más propenso a tratarte con bondad o con desdén. Al crecer, Mike internalizó la incansable crítica de su padre, lo cual resultó en una autorreflexión que frecuentemente se enfoca en su incapacidad de estar a la altura de algún ideal. ¿Qué hay sobre ti? Cuando piensas en tu divorcio, ¿qué mensaje te arroja constantemente tu crítico interior? ¿De dónde crees que proviene ese mensaje?

EJERCICIO 3.1: ENTRAR EN CONTACTO CON TU CRÍTICO INTERIOR

Objetivo. La meta de este ejercicio es incrementar tu consciencia sobre tu voz crítica interior en relación con tu divorcio y explorar el origen de estas ideas.

Instrucciones. Conforme reflexionas sobre los errores que pudiste haber cometido en tu matrimonio o en el proceso de divorcio, piensa en esos mensajes llenos de juicio que has tenido respecto de ti mismo. Puede que seas capaz de identificar rápidamente algunos de estos mensajes, pero, dada su naturaleza automática, puede que necesites monitorearlos durante los siguientes días y registrarlos conforme vayan surgiendo.

Ten presente. Recuerda: estás tratando de hacer consciencia sobre el tono y el contenido de tu crítico interior. ¡No te castigues por castigarte! Trata de poner una atención amorosa y libre de juicios a estos mensajes. No pienses en su origen como alimento para tu lista de resentimientos. Quien te cuidó hizo lo mejor posible para criarte, y recuerda que ellos también fueron influenciados por los mensajes que recibieron de otros.

Contenido de la crítica interior

Mensaje crítico 1:

____

¿De dónde vino este mensaje?

____

Mensaje crítico 2:

____

¿De dónde vino este mensaje?

____

Mensaje crítico 3:

____

¿De dónde vino este mensaje?

____

Reflexión. ¿Qué temas emergen de estos mensajes? Por ejemplo, ¿se enfocan en la duda en uno mismo, en el rechazo, en la culpa o en algún otro tema?

____

____

¿Cuál es la fuente más común de tu crítica interior? En otras palabras, ¿de dónde provienen principalmente estos mensajes?

____

____

¿Qué emociones sientes cuando te embarcas en este tipo de crítica interior?

____

____

Dar una buena y honesta mirada a la autocrítica que corre por tu mente no es sencillo, así que deberías felicitarte por hacerlo. Nuevamente, el propósito no es culpar a otros por lo que estás pensando, sino comprender mejor cuáles aspectos de tu charla interior necesitan una atención compasiva mientras sigues adelante.

Sin embargo, los mensajes familiares y culturales no son la única explicación por la que tal vez eres tan duro contigo mismo.

TENDENCIAS NEGATIVAS

¿Has asistido a alguna evaluación del trabajo? ¿Alguien te ha dado una retroalimentación sobre algo que has hecho, como un discurso o una actuación? ¿Puedes pensar en qué otras veces has sido formalmente evaluado? Ahora piensa en la retroalimentación que recibiste. Te apostamos un helado a que lo primero que recordaste fue una retroalimentación negativa, incluso si fue únicamente una pequeña proporción de todo lo que te dijeron. Resulta que así es como funciona muy seguido el cerebro: típicamente le da más peso a la información negativa que a la positiva.

Este efecto ha sido demostrado en el laboratorio. Ito *et al.* (1998) mostraron imágenes positivas, negativas y neutras a estudiantes, mientras monitoreaban la actividad eléctrica de sus cerebros. Descubrieron que los cerebros de los participantes respondían más activamente a las imágenes positivas y negativas que a las neutras. Pero, cuando los participantes vieron sólo imágenes positivas y negativas, los investigadores identificaron una tendencia negativa; es decir, los cerebros de los participantes respondían más intensamente a las imágenes negativas.

Los investigadores teorizaron que la tendencia negativa podía tener un origen evolutivo y ventajas adaptativas bajo ciertas circunstancias. Por ejemplo, tendría más sentido que notaras y prestaras atención a un rinoceronte enfurecido que se dirige hacia a ti en lugar de a la cascada hermosa y serena que está también en tu campo visual. Pero este vestigio de prehistoria no siempre es de ayuda en los tiempos modernos. Los mensajes negativos captan tu atención, tienen más peso y, dependiendo de su fuente y duración, tienden a ser internalizados, sean o no verdaderos. Comprender cómo funciona tu mente puede significar un paso adelante para que seas más compasivo contigo mismo.

FUNCIÓN PROTECTORA

Es interesante, pero ser duro contigo puede tener una función protectora. Ambos enseñamos en universidades: Mark en Psicología y Crystal en Trabajo Social. Al final de cada semestre, los estudiantes evalúan nuestras clases. Sus valoraciones nos ayudan a comprender cómo podemos atender mejor a otros estudiantes y tienen también un impacto en el avance de nuestras carreras. Antes de abrir el sobre de papel manila que contiene las evaluaciones, Crystal usualmente piensa en todas las cosas que salieron mal a lo largo del semestre y desde luego también en que no es tan buena maestra como otros en la universidad. Pero, cuando lee sus evaluaciones, generalmente las encuentra muy positivas, excepto por algunos estudiantes que sienten que evalúa de forma dura o piensan que las lecturas eran áridas. Cuando Mark abre el sobre, se enfoca demasiado en los ocasionales comentarios críticos y no lo suficiente en los muchos comentarios positivos.

Entonces ¿por qué esta autoflagelación? Ser negativos puede tener una función protectora: es como si te dieras a ti mismo una golpiza preparatoria, una paliza antes de que alguien más lo haga. Al tomar la postura defensiva, te estás preparando para lo que viene; de ese modo, no dolerá tanto. Paradójicamente, este intento por hacerte sentir mejor, a la larga, puede hacerte sufrir mucho más, así que ¿cómo puedes lidiar con estas formas de pensar sobre ti mismo? La autocompasión puede darte varias respuestas. Pero, antes de que veamos lo que es la autocompasión, queremos asegurarnos de que sepas lo que no es.

LO QUE NO ES AUTOCOMPASIÓN

Todos hemos hecho de vez en cuando una fiesta de la lástima para nosotros mismos. Ya conoces la escena: tú solo en la privacidad de tu mente, rumiando sobre tus decepciones y problemas y, en buena medida, exagerando un poquito para asegurarte de que nadie lo ha pasado peor que tú. A pesar de que todos experimentamos lástima por nosotros mismos de cuando en cuando, en última instancia nos aísla de los otros. En cambio, la autocompasión, una actitud amorosa y generosa hacia nosotros, te conecta con los demás. Con ella, eliges reconocer que otras personas probablemente han cometido el mismo error: no estás solo con tus fallas. Este reconocimiento de que los otros están en el mismo barco no es una excusa para pasar por alto o ignorar tus errores, pero una actitud amorosa hacia ti mismo puede motivarte a hacer algo diferente en el futuro. Cuando te revuelcas en la lástima, puedes quedarte atorado en ella.

La autocompasión también es diferente de la autoestima. La autoestima es una evaluación de tu valor como persona y tiende a ser un resultado, no la causa de hacerlo bien en varios rubros (Baumeister *et al.*, 2001). A lo largo de las décadas pasadas, los investigadores y los sistemas escolares han invertido recursos considerables para promover la autoestima, pero no es una panacea.

Es cierto que la gente con una alta autoestima experimenta menos ansiedad, así como un mayor bienestar que aquellos con baja autoestima (Pyszczynski *et al.*, 2004), pero la búsqueda de la alta autoestima también tiene sus costos. Puede resultar en una tendencia a enfocarte en las cosas que ya haces bien, evitar aquellas que no y compararte con otros en formas competitivas que te disponen a mejorar. Como tal, la búsqueda de una alta autoestima puede ser un obstáculo para relacionarte con otros, aprender y autorregularte (Crocker y Park, 2004). Una forma alternativa de relacionarte con el ser, una que promueve claridad y no implica el juicio de uno mismo, es la autocompasión. La siguiente sección discute los tres componentes de la autocompasión y te guía a través de algunos ejercicios diseñados para explorar esta nueva forma de conectarte contigo mismo.

¿QUÉ ES LA AUTOCOMPASIÓN?

Kristin Neff (2003) es una psicóloga pionera en el estudio científico de la autocompasión. Un concepto que emerge del budismo y que fue secularizado para una amplia aplicación. Su definición consiste en tres componentes interdependientes: autogentileza, conexión con otros seres humanos y *mindfulness* (abordado en el capítulo 2). Antes de entrar en el meollo de la definición, aquí hay un modo de ver cuán autocompasivo eres. El siguiente ejercicio te ayudará a ver cómo te comportas contigo mismo en tiempos difíciles.

EJERCICIO 3.2: ¿QUÉ TAN AUTOCOMPASIVO ERES?

Objetivo. El fin de este ejercicio es evaluar tu nivel actual de autocompasión.

Instrucciones. Realiza la siguiente encuesta (tomada de Raes *et al.*, 2011) y calcula tu puntuación.

Parte A. Para la primera lista de elementos, utiliza la siguiente escala:

Cómo actúo típicamente conmigo mismo en tiempos difíciles.

Por favor lee cada oración atentamente antes de responder. A la derecha de cada ítem en el cuadro, indica qué tan seguido te comportas de la manera descrita, usando la siguiente escala:

CASI NUNCA				CASI SIEMPRE
1	2	3	4	5

Trato de ser comprensivo y paciente con los aspectos de mi personalidad que no me gustan.	
Cuando sucede algo doloroso, trato de tomar un punto de vista balanceado.	
Trato de ver mis errores como parte de mi condición humana.	
Cuando atravieso tiempos difíciles, me doy el cuidado y la ternura que necesito.	
Cuando algo me molesta, trato de mantener mis emociones en balance.	
Cuando me siento inadecuado de alguna forma, trato de recordarme que la mayoría de las personas tiene esos mismos sentimientos.	

Parte B. Para los siguientes elementos, usa la escala que se muestra a continuación (nota: son puntos diferentes que en la Parte A):

Cómo actúo típicamente conmigo mismo en tiempos difíciles.

Por favor lee cada oración atentamente antes de responder. A la derecha de cada ítem en el cuadro, indica qué tan seguido te comportas de la manera descrita, usando la siguiente escala:

CASI SIEMPRE				CASI NUNCA
1	2	3	4	5

Cuando le fallo a alguien importante para mí, me consumo por el sentimiento de inadecuación.	
Cuando me siento triste, tiendo a sentir que otros son más felices que yo.	
Cuando le fallo a alguien que es importante para mí, tiendo a sentirme solo en mi fracaso.	
Cuando me siento triste, tiendo a obsesionarme y a fijarme en todo lo que está mal.	
Desapruebo y juzgo mis fallos e inadecuaciones.	
Soy intolerante e impaciente hacia aquellos aspectos de mi personalidad que no me gustan.	

Total (suma de los 12 ítems) _______

Puntaje promedio = Total /12 (toma el total de la suma y divídelo entre 12) _____

El promedio total del puntaje de autocompasión tiende a estar alrededor de 3.0 en la escala de 1 a 5, así que puedes interpretar tu promedio conforme a ello. Como una guía, un puntaje entre 1 y 2.5 en tu promedio total de autocompasión indica que estás abajo en la autocompasión; entre 2.5 y 3.5 indica moderado, y entre 3.5 y 5 significa alto.

Reflexión. Con base en tu puntaje, ¿qué tan autocompasivo eres ahora?

____

¿Piensas que es adecuada la reflexión sobre cómo te tratas a ti mismo? ¿Por qué sí o por qué no?

____

Basado en lo que sabes hasta ahora sobre la autocompasión, ¿cómo piensas que pueda beneficiarte en tu proceso de divorcio?

____

Si no eres tan autocompasivo como te gustaría, comienza a trabajar en ser amable contigo por tu falta de autocompasión. Como discutimos previamente, ser amoroso contigo mismo puede no ser fácil, dados los mensajes a los que has estado expuesto. He aquí los tres componentes de la autocompasión señalados por Neff (2003).

AUTOGENTILEZA

El opuesto de la autogentileza es el juicio y la culpa. En el ejercicio 3.1 exploraste los mensajes de tu crítico interior —mensajes que pueden ser duros, llenos de juicio y desalentadores—. En el lado opuesto de la secuencia, la autogentileza es una charla interior que nos nutre, es gentil y proporciona apoyo. Es un modo de ser comprensivo y tierno con uno mismo. Cuando la gente es amable consigo, acepta el hecho de que no es perfecta y, cuando las cosas salen mal, activamente se reconforta y se tranquiliza, en lugar de responder estoica o críticamente. Brindarte comprensión y amor puede ayudarte a sentirte digno de aceptación y cuidado de parte de los demás.

CONEXIÓN CON LA HUMANIDAD

La compasión puede ser definida como sufrir con otras personas, sentir pena y profunda simpatía por su desgracia y tener un intenso deseo de aliviar ese sufrimiento. Proviene de reconocer que ser imperfecto es parte de la experiencia humana, que todos cometemos errores, fallos, que tenemos contratiempos y sufrimos calamidades. Puedes tomar ese sentido de compasión que tan seguido sientes por otros en situaciones difíciles y dirigirlo hacia ti. Cuando te maltratas con dureza y con juicio, haces que todo empeore. No sólo te sientes horrible sobre lo que sucedió, sino también solo y aislado. Pero, si puedes ser amoroso contigo y reconocer que otros han experimentado la misma situación, te sentirás menos solo y más conectado con otros. Esto puede ayudar a aliviar la severidad de tu dolor.

MINDFULNESS

El *mindfulness* en el contexto de la autocompasión es lo mismo que discutimos previamente —una conciencia de tu experiencia presente y la voluntad de aceptarla tal como es—. Cuando eres consciente, no evitas ni las situaciones difíciles ni partes de ti que se sienten incómodas, ni estás rumiando sobre ello. En cambio, cultivas la ecuanimidad, una conciencia balanceada del momento presente y una habilidad de soltar. La ecuanimidad brinda calma en medio de la tormenta, estabilidad de frente al estrés y a la tensión. La práctica del *mindfulness* evita lo que Neff llama la sobreidentificación con las emociones dolorosas: una tendencia a rumiar en el pasado o a proyectar en el futuro. El *mindfulness* te ayuda a evitar que quedes atrapado en las historias de fondo que crea tu mente, permitiéndote estar completamente abierto al presente.

Considerando estos tres componentes, la autocompasión es un sentimiento cálido de ser completamente humano, conectado con los otros y saludable, en lugar de dejarte llevar por la necesidad de ser mejor, especial o perfecto. Este sentimiento subyace en la relación que tienes contigo mismo: ya sea que te relaciones contigo en una forma gentil, o bien, en forma crítica y dura. La autocompasión es un proceso dinámico que evoluciona con el tiempo, y la naturaleza de este proceso dependerá de tus antecedentes, de la fuerza de tu crítico interno y de los pasos que tomes para cambiar tu vida interior. Si ser amable contigo te parece un concepto ajeno, está bien. Para estar más cómodo con la idea, te invitamos a imaginar a un otro compasivo: una persona libre de juicio, que es empática, cálida y perdona tus errores y fallos. El siguiente ejercicio está inspirado por Gilbert (2009).

EJERCICIO 3.3: TU IMAGEN DE OTRO COMPASIVO

Objetivo. El propósito de este ejercicio es desarrollar una imagen de un otro compasivo.

Instrucciones. Piensa en una situación difícil relacionada con tu divorcio. ¿Tienes la situación en la mente? Por ejemplo, algunas personas tienen dificultad para interactuar con su ex cara a cara. Cuando están en esta situación, se sienten aturdidos y dicen cosas que desearían no haber dicho. Trata de tener tu propio ejemplo de una experiencia en la que un poco de compasión sería valiosa.

Ejercicio de imaginación. Ahora imagina que quieres compartir esta experiencia con una persona amable, que no juzga, que es compasiva y emana empatía, calidez y perdón, no para que te dé un consejo o solucione el problema, sino para ser escuchado, confortado y validado. Evoca la imagen de esta persona con la que te gustaría hablar. La imagen puede ser de una persona que conoces, una mezcla de varias personas con las que te relacionas, alguien de quien has oído —aunque no lo conozcas personalmente—, una figura espiritual o alguien totalmente basado en tu imaginación. No importa, mientras la imagen funcione para ti. ¿Tienes ya esa imagen? Toma unas respiraciones profundas, céntrate en ti y conéctate con esta persona. Comienza en un nivel de sentimiento: siente el amor y la aceptación de esta persona.

El paso final es imaginarte a ti mismo hablando con esta persona sobre el problema relativo a tu divorcio. Dile a este otro compasivo lo que sucedió y absorbe la respuesta que recibes.

Reflexión. ¿Qué cualidades posee tu otro compasivo? Por ejemplo, es cálido, amable, abierto. Describe las cualidades de tu otro compasivo.

¿Cómo te sentiste al hablar con esta persona? Por ejemplo, aceptado, cuidado, conectado. Describe cómo te sentiste.

¿Qué tipo de palabras o frases expresó tu otro compasivo?

Puedes usar esta imagen del otro compasivo cuando tu crítico interior se ponga en acción. Cuando comiences a escuchar tu parloteo lleno de juicio, invita a tu otro compasivo a la conversación. ¿Qué diría el otro compasivo en respuesta?

¿POR QUÉ TIENES QUE PREOCUPARTE POR LA AUTOCOMPASIÓN?

En este capítulo te estamos invitando a cambiar la relación que tienes contigo mismo. No te alentaríamos a embarcarte en tal viaje sin la evidencia de que la autocompasión te puede ayudar con los retos que actualmente estás enfrentando, pues un estudio reciente concluyó que la autocompasión se relaciona con la recuperación emocional postdivorcio.

Sbarra, Smith y Mehl (2012) evaluaron el nivel de autocompasión presentado por adultos divorciados y luego midieron el grado de ajuste psicológico ante el divorcio. Este estudio consideró un número de variables —que incluían relaciones demográficas, estados de ánimo, cómo la gente lidia con las emociones, estilos de apego— para comprender mejor la naturaleza de las relaciones entre la autocompasión y el ajuste. Incluso al considerar esas otras variables, los investigadores encontraron que aquéllos con alta autocompasión tenían menos dolor relacionado con el divorcio al inicio del estudio y hasta nueve meses más tarde.

Otros estudios científicos han encontrado que la autocompasión se asocia con una mejor salud psicológica, con relaciones de mayor apoyo y con un incremento en la consecución de logros.

LA AUTOCOMPASIÓN SE RELACIONA CON UNA MEJOR SALUD PSICOLÓGICA

¿Recuerdas a Mike, del principio de este capítulo? Después de que le dijo a su padre sobre la ruptura de su matrimonio, Mike respondió a lo que despotricaba su padre con una charla interior dura y degradante. Este tipo de pensamiento basado en la vergüenza puede añadir combustible al fuego de la autocrítica.

Sin embargo, cuando eres autocompasivo, esa espiral negativa puede evitarse. Los estudiosos están encontrando que la gente que es autocompasiva tiende a lidiar mejor con el estrés porque se compromete con una positiva reestructuración cognitiva (Allen y Leary, 2010). En otras palabras, ser amable contigo cambia cómo piensas sobre los eventos estresantes, lo que puede reducir tu tendencia a rumiar y a enfocarte en lo negativo. Los científicos están descubriendo que la autocompasión puede ayudar a neutralizar los estados emocionales potencialmente tóxicos. Las personas que son autocompasivas sienten el dolor asociado al divorcio, pero, a diferencia de Mike, no empeoran las cosas al castigarse a sí mismos con la autorrecriminación y las cavilaciones. La autocompasión parece ayudar a evitar estos estados mentales negativos. Más aún, Neff y Germer (2013) encontraron que las personas que participaron en un taller de ocho semanas de autocompasión mostraron un mayor decremento de la depresión y la ansiedad, así como un mayor incremento en la satisfacción de vida, que aquellos que no asistieron al taller.

LA AUTOCOMPASIÓN Y LAS RELACIONES DE MAYOR APOYO

De forma interesante, al parecer cuanto más capaz seas de confortarte y calmarte a ti mismo, mejores cosas podrás compartir con otros. En una serie de estudios, Jennifer Crocker y su equipo de la Universidad de Michigan (Crocker y Canavello, 2008; Crocker, Oliver y Nuer, 2009) compararon a las personas que tenían objetivos interpersonales relacionados con el apoyo a los demás (metas compasivas) con aquéllos cuyos objetivos interpersonales tendían a mostrar una imagen pública positiva de sí mismos (metas de autoimagen) y cómo la diferencia entre estos objetivos está asociada con la visión de los otros y de sí mismos. Aquéllos con objetivos compasivos reportaron tener relaciones más cercanas, más auténticas y de mayor apoyo, y no es sorprendente que tendían también a ser más autocompasivos. Además, Neff y Beretvas (2013) descubrieron que un mayor nivel de autocompasión entre una muestra de parejas heterosexuales estaba asociado con relaciones románticas más sanas, que incluían el sentido del cuidado, la conexión y la aceptación de la pareja. Otro estudio encontró que las personas autocompasivas encaraban la resolución de conflictos en relaciones cercanas de una forma más balanceada y saludable que aquellos que eran menos autocompasivos (Yarnell y Neff, 2013).

AUTOCOMPASIÓN E INCREMENTO EN EL LOGRO DE METAS

Como profesora de trabajo social, uno de los quebraderos de cabeza de Crystal es el regateo por las calificaciones entre sus estudiantes. Ella enseña a los jóvenes las bases de la clínica del trabajo social y, cuando se enfrenta a la pregunta "¿Va a venir esto en el examen?", se siente turbada. Esta interrogante proviene de estudiantes que necesitan cumplir, no del deseo de aprender realmente el material. De acuerdo con la psicóloga Carol Dweck (2006), las metas de desempeño (el alimento del regateo de las calificaciones) se relacionan con la aprobación y el mantenimiento de la autoestima. Los objetivos de aprendizaje están conectados con el esfuerzo porque encuentras algo inherentemente satisfactorio.

¿Adivinas qué tipo de metas suelen poseer más las personas autocompasivas? Así es, las de objetivos de aprendizaje. La gente autocompasiva suele enfrentar sus reveses, trabajar en ellos y aprender de sus errores. Hacen esto porque están motivados por lo que es mejor para ellos. La autocompasión proviene del lugar del amor: tú fijas los objetivos y trabajas por ellos porque quieres el bienestar y la felicidad, no porque tratas de impresionar a alguien. La gente autocompasiva tiene metas ambiciosas, pero experimenta menor decepción cuando las cosas no salen según lo planeado.

¿YA ESTÁS CONVENCIDO?

Entonces, ¿piensas que tener mayor compasión por ti mismo respecto a tu divorcio es una buena idea? ¡Eso esperamos! Para nosotros, la evidencia es contundente: adoptar una postura amorosa hacia ti mismo cuando las cosas se ponen difíciles puede ser útil. Con base en el trabajo que has hecho hasta ahora, el resto del capítulo se concentra en mejorar tu autocompasión. Recuerda: es un proceso. El enérgico crítico interior no se desarrolló en una sola noche. Esos puñetazos se perfeccionaron a lo largo de años de cavilaciones y de internalizar mensajes negativos. Por tanto, sé paciente con tus intentos de ser autocompasivo. Con diligencia puedes desarrollar una mejor y más amorosa relación contigo mismo.

CÓMO DESARROLLAR AUTOCOMPASIÓN DESPUÉS DEL DIVORCIO

Esta sección te ofrece formas prácticas para ayudarte a desarrollar una actitud más amorosa hacia ti mismo.

PRACTICAR LA AUTOGENTILEZA

"Cuando las cosas se ponen duras, el duro se golpea a sí mismo". Bueno, no es así como va el dicho, pero es como suele suceder.

Cuando te juzgas duramente, no estás siendo amoroso contigo, pero, cuando eres amable, es más difícil que te maltrates a ti mismo. No puedes darte un abrazo metafórico mientras ¡te estás pateando tu propio trasero! El psicólogo Paul Gilbert (2009) señala que tu experiencia emocional proviene de diferentes patrones psicológicos accionados por tu cerebro y tu cuerpo. La reacción de tu cuerpo ante la gentileza difiere de la reacción ante la autocrítica. La gentileza, la ternura, la calidez le indican a tu cerebro que estás seguro y a salvo, que te puedes relajar; la crueldad y las amenazas, por el contrario, desatan el miedo y la ansiedad. A pesar de que todas estas reacciones son parte natural de la experiencia humana, puedes estar atorado en patrones que mantienen el sistema de amenaza activado. La autocompasión puede ser un antídoto. "La bondad, la gentileza, la calidez y la compasión son como vitaminas básicas para nuestras mentes" (Gilbert, 2009: 44). El siguiente ejercicio explora cómo esto puede funcionar.

EJERCICIO 3.4: ACTIVAR TU SISTEMA DE RELAJACIÓN

Objetivo. La meta de este ejercicio es encontrar formas para que actives rápidamente tu sistema de relajación, de modo que puedas vencer a tu crítico interno ¡de un derechazo!

Instrucciones. En el ejercicio 3.3 pensaste en una situación difícil relacionada con tu divorcio. Vuelve a esa experiencia y piensa cómo podrías haber sido más autocompasivo ante esos eventos.

Preguntas. Al volver al ejercicio 3.3, *¿qué te dijo tu otro compasivo sobre la situación?*, *¿qué otras palabras o frases compasivas añadirías?* Comienza la lista aquí.

Ahora desarrolla una lista general de frases autocompasivas que puedan funcionar en otras situaciones difíciles relacionadas con tu divorcio. Para ayudarte a comenzar, piensa en Mike, del principio del capítulo. He aquí algunas declaraciones relajantes que podrían funcionar para Mike:

Estoy pasando un periodo difícil con todo lo que sucede con mi divorcio y está bien. Muchas personas en mi posición se sentirían igual.

No es raro que yo sea tan duro conmigo mismo, dados los antecedentes familiares.

Yo aceptaría a cualquiera que estuviera pasando por esto. Me quiero aceptar también a mí mismo.

No es verdad que yo soy un perdedor. A pesar de que he cometido errores en el pasado —y ¿quién no?—, también he hecho muchas cosas bien.

Registra algunas frases que funcionarían para ti. Puedes añadir más a la lista conforme te lleguen más ideas. Por ahora, trata de completar cinco declaraciones autocompasivas.

1.

2.

3.

4.

5.

Ahora tienes algunas frases para relajarte que resuenan contigo y que puedes usar en esos difíciles momentos que inevitablemente enfrentarás como parte de la vida, ¡como todos!

DARTE CUENTA DE QUE TODOS ESTAMOS CONECTADOS

Cuando el autocrítico va desbocado, puede ser fácil ser absorbido y empantanarse en sentimientos de inseguridad y autodesprecio. En ese estado es común compararte con otros y decidir que estás en el nivel más bajo en la vida del planeta: "Debo de ser la peor persona del mundo. Nadie puede ser tan malo como yo". O puedes meterte en comparaciones hacia arriba y resentirte de otros en el proceso: "Bradley y Doug tienen un matrimonio perfecto. Se llevan excelente, sus hijos son unos ángeles y tienen dinero. Nunca seré tan feliz". De cualquier forma, el resultado es un sentimiento de aislamiento que no te ayuda a seguir adelante; te mantiene empantanado. Llana y simplemente, la comparación social te mantiene aparte.

Una forma de sentirte conectado con los demás es darte cuenta de que la falibilidad es parte de la condición humana. Todos nos hemos equivocado y lo haremos de nuevo. De acuerdo con un análisis de la literatura científica sobre la infidelidad, al menos una de cada cinco personas casadas tiene un *affaire* extramarital en algún punto de su matrimonio (Campbell y Wright, 2010). (Y la lista sigue y sigue. Si algo se puede arruinar, ¡los seres humanos estarán allí para hacerlo!). Tu crítico interior puede ser rápido para endilgarte una etiqueta peyorativa de un solo bofetón. Mike, por ejemplo, se llamaba a sí mismo *perdedor*. Cualquiera que sea la etiqueta, te distancia de los demás. El siguiente ejercicio (adaptado de Neff, 2011) te puede ayudar a dejar esas etiquetas para que puedas darte cuenta más fácilmente de tu interconexión con los demás.

EJERCICIO 3.5: SOLTAR LAS ETIQUETAS NEGATIVAS

Objetivo. El propósito de este ejercicio es ayudarte a identificar los rasgos que compartes con otros, de modo que dejes de etiquetarte de forma negativa.

Instrucciones. Puedes etiquetarte como flojo, enojón o perfeccionista —u otras etiquetas negativas—, pero hay muchas otras personas que comparten las mismas características. (Crystal frecuentemente piensa en ella como mandona). Elige una de estas etiquetas negativas que sea importante en tu autodefinición, una con la que te golpees. Con esa etiqueta en mente, responde las siguientes preguntas.

Preguntas

¿Cuál es tu etiqueta negativa?

____

____

¿Qué tan frecuentemente muestras un comportamiento que sea consistente con esa etiqueta? Por ejemplo, todo el tiempo, la mayor parte del tiempo, sólo a veces. Si no actúas de la forma que refleja esa etiqueta, ¿sigues siendo tú?

____

____

¿Cuándo eres más propenso a actuar de esa manera? ¿Hay ocasiones en las que no actúas así? Si ciertas circunstancias deben estar presentes para que emerja ese comportamiento, ¿realmente te define esa etiqueta?

____

____

¿De dónde proviene el rasgo o comportamiento que lleva a esa etiqueta? ¿Qué tipo de causas y condiciones te llevan a darte esa etiqueta? Si hay fuerzas externas parcialmente responsables de esa etiqueta, ¿qué significa eso sobre su capacidad de definirte?

____

____

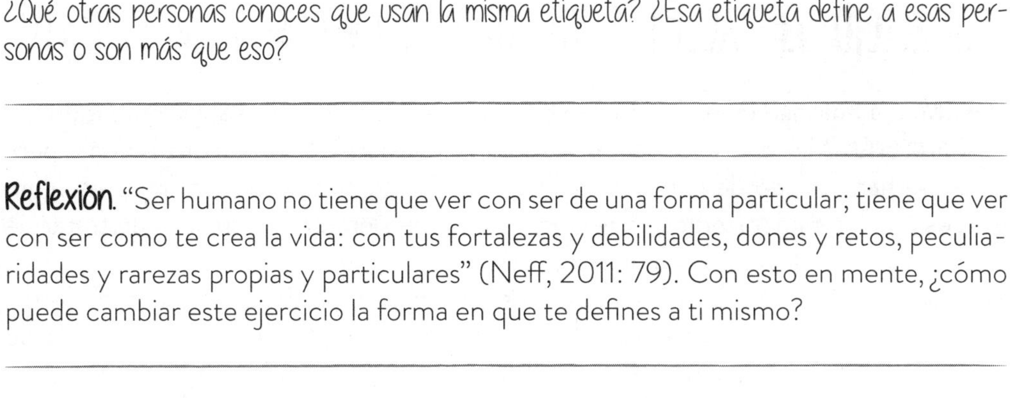

¿Qué otras personas conoces que usan la misma etiqueta? ¿Esa etiqueta define a esas personas o son más que eso?

____

____

Reflexión. "Ser humano no tiene que ver con ser de una forma particular; tiene que ver con ser como te crea la vida: con tus fortalezas y debilidades, dones y retos, peculiaridades y rarezas propias y particulares" (Neff, 2011: 79). Con esto en mente, ¿cómo puede cambiar este ejercicio la forma en que te defines a ti mismo?

____

____

Lo más relevante es que no estás solo con tus sentimientos de inadecuación e inseguridad. Y, a pesar de que no seas capaz de cambiarlos, puedes abordar estas difíciles emociones de una forma más gentil. Allí es donde entra la conciencia.

PRACTICAR LA AUTOCOMPASIÓN CONSCIENTE

Si recuerdas el capítulo 2, el *mindfulness* es la consciencia libre de juicios de tu experiencia momento a momento. El *mindfulness* te brinda una oportunidad de estar totalmente presente y ver las cosas tal como son. Con consciencia aprendes a aceptar tu experiencia y a soltarla. No te aferras a emociones placenteras, ni evitas aquellas dolorosas (que en realidad pueden conducir al sufrimiento).

En sus libros sobre autocompasión, tanto Kristin Neff (2011) como Christopher Germer (2009) presentan una expresión común: dolor x resistencia = sufrimiento. Esta ecuación indica que tu sufrimiento emocional está directamente relacionado con tu necesidad de que las cosas sean diferentes de como son. Por ejemplo, puede que te sientas herido porque los miembros de la familia de tu ex ya no te hablan, pero, cuanto más te obsesiones sobre ello o sobre cómo las cosas podrían haber sido diferentes si tu ex no hubiera sido un patán, el dolor se hace más profundo. En otras palabras, el dolor es inevitable; el sufrimiento es opcional. Si hay cero resistencia, hay cero sufrimiento (¡tenemos que volver a las matemáticas de secundaria para aprender eso!).

De la resistencia a emociones y circunstancias dolorosas frecuentemente surge del deseo de controlar lo que está sucediendo. El sentido de control ofrece seguridad, pero desgraciadamente, muchos de los giros y vueltas de la vida están más allá de nuestro control. Por ello, la aceptación, el dejar ir y la autogentileza son parte de la receta de la autocompasión. Añadir estos ingredientes nos ayuda a evitar el sufrimiento.

EJERCICIO 3.6: ACEPTAR TU DOLOR Y EVITAR EL SUFRIMIENTO

Objetivo. La finalidad de este ejercicio es ayudarte a mejorar en la autocompasión.

Ten presente. Mientras haces este ejercicio, recuérdate a ti mismo que muchas personas se han sentido de la misma forma que tú bajo circunstancias similares. Y no olvides que los estados emocionales no duran para siempre; no tienes que tratar de alejarlos, ya que ellos se apagarán por sí mismos.

Instrucciones. Pon atención a tu panorama emocional, particularmente a los sentimientos difíciles detonados por tu divorcio. La próxima vez que te sientas estresado por tu divorcio, toma un momento para mirar esa emoción usando el siguiente proceso:

Mira tu estado emocional con apertura amorosa y con curiosidad. Sintonízate con tu respiración y observa qué ocurre dentro de ti. ¿Qué estás sintiendo? ¿Cuál es tu reacción? No trates de cambiarlo ni alejarlo.

Observa la intensidad de tu emoción. ¿Baja y fluye? ¿Se hace más fuerte o más débil? Utiliza algunas de las frases de relajación del ejercicio 3.4 para brindarte apoyo.

Reflexión. ¿Cómo enfrentas típicamente las emociones difíciles?

____

____

¿En qué sentido fue diferente esta experiencia?

____

____

CULTIVA UNA EXISTENCIA AUTOCOMPASIVA

¡Sigue en el camino de la autocompasión! La autocompasión se caracteriza por la apertura de mente y de corazón. Cuanto más amable seas contigo mismo, menos defensivo serás al interactuar con otros. Cuando puedas ver más los puntos en común con otros seres humanos, podrás mostrar más empatía y comprensión.

Queremos terminar el capítulo de la misma manera que lo comenzamos: recordándote que seas compasivo contigo mismo como un trabajo para construir tu fuerza interior. No olvides que todos somos una obra en proceso. Conforme navegas por el río de la vida, hay giros inesperados —igual que cascadas escondidas, hermosos arcoíris, tortugas, extrañas formas de algas, y toda clase de cosas sorprendentes, atemorizantes y maravillosas— en el camino. Con suerte puedes aprender a fluir y a mantener tu ritmo maniaco de remar al mínimo. De todas formas, ¿quién dice que río arriba las cosas estarán mejor que aquí? A veces el mayor crecimiento personal surge en medio del sufrimiento más profundo.

¿QUÉ SIGUE?

Como te recordamos en este capítulo, todos cometemos errores. A veces puedes encontrarte a ti mismo en el extremo en el que recibes ofensas por el comportamiento de alguien, y puede costarte trabajo dejar ir el dolor y el enojo que sientes. ¿Es adecuado el perdón en estas situaciones? El siguiente capítulo explora la naturaleza del perdón y tu voluntad de considerarlo en tu viaje hacia la sanación.

CAPÍTULO 4

"Estos sentimientos me están jalando hacia abajo"
¿ESTÁS LISTO PARA SOLTAR?

Es hora de discutir sobre la palabra con "p". La palabra a la que nos referimos es desde luego *perdón*. Hace unos años, condujimos un estudio sobre la efectividad de un taller diseñado para ayudar a los padres divorciados a perdonar a sus exesposos. Para reclutar a los participantes, pusimos anuncios en los diarios locales y en las estaciones de radio. Un día, una mujer llamada Shauna nos envió un correo electrónico cuestionando el perdón.

EL CASO DE SHAUNA

Shauna estaba en contra de la idea de perdonar a su ex y se preguntaba por qué alguien siquiera se inscribiría en nuestro taller. Decía que su ex no merecía el perdón porque la trató de forma horrible. Se comunicaba con él a través de un abogado y estaba feliz de no tener que volver a escuchar su voz o ver su cara. Sin embargo, se molestaba cuando sus hijos lo mencionaban. Comentaba que estaría abierta a una terapia que la pudiera "desensibilizar" de su nombre, pero también que consideraría el perdón sólo hasta que el infierno se hubiere congelado.

Claramente perdonar a su ex no estaba en la lista de cosas por hacer de Shauna: la simple mención del nombre de su expareja le provocaba sentimientos de injuria y veía el perdón como una empresa imposible. No tienes que ser un científico nuclear (o un terapeuta experimentado) para darte cuenta de que Shauna estaba sufriendo.

Su correo electrónico nos dejó con muchas preguntas sin respuesta. Si la idea de perdonar a su ex era tan injuriosa, ¿por qué se había tomado Shauna el tiempo de escribirnos? ¿Era simple curiosidad por saber por qué la gente elegiría el perdón? ¿Sentía que su forma de lidiar con su divorcio no estaba funcionando? ¿Estaba preocupada por si la rabia en contra de su ex pudiera tener un impacto negativo sobre sus hijos?

En nuestra respuesta, no tratamos de persuadirla de que el perdón sería una excelente idea. La decisión de perdonar es profundamente personal y uno debe tomarla libremente, sin presión. Además, cuando hay gran resistencia interna a perdonar, probablemente tiene sentido mantenerse a distancia y enfocarse en otras estrategias de afrontamiento. El perdón requiere compromiso con una forma diferente de pensar, así que lo mejor es esperar hasta que estés listo. Agradecimos a Shauna por su carta, le expresamos simpatía por su sufrimiento y le explicamos que algunas personas eligen perdonar porque las ayuda a sanar tras su divorcio. No se inscribió al taller y nunca volvimos a saber de ella.

En algún momento o en otro, muchas personas divorciadas han sentido que su ex no merece el perdón. Tal vez tú mismo has sentido eso. Después de todo, el/la [inserta aquí tu palabrota favorita] te trató mal, nunca se disculpó, nunca reconoció que te lastimó, sigue actuando como un/una [inserta aquí tu segunda palabrota favorita] y no parece interesarse mucho por tu sufrimiento. Encima de todo, él o ella han seguido adelante con otra relación con un/a completo/a [inserta aquí tu tercera palabrota favorita] y te dejó para que tú recogieras todo el tiradero. ¿Por qué una persona así merecería el perdón?

Estos pensamientos son comprensibles si te han herido profundamente. Sin embargo, revelan una suposición subyacente respecto a la naturaleza del perdón que merecen un examen más cercano. Shauna asumió que el perdón beneficia en primer término al ofensor y que sólo puede ser ofrecido después de haberlo ganado. ¿Son estas suposiciones correctas? ¿Puede el perdón beneficiar a quien perdona? ¿Es el perdón una respuesta razonable tras el dolor que has experimentado? ¿Puede el perdón ayudarte a lidiar con tu divorcio? ¿Qué es exactamente el perdón a fin de cuentas? Abordaremos cada una de estas preguntas en este capítulo.

ENFOQUE DEL CAPÍTULO

Este capítulo explora los beneficios del perdón tras el divorcio. Comenzamos con una definición del perdón para luego presentar los hallazgos de las investigaciones sobre cómo el perdón tiene que ver con el ajuste postdivorcio. Finalmente, te alentamos a que reflexiones sobre tu propia disponibilidad y voluntad a perdonar.

COMPRENDER EL PERDÓN

Antes de decidir si quieres tomar el viaje del perdón, es importante que tengas una adecuada comprensión de lo que es y lo que no es el perdón. ¿Cuáles son tus asociaciones con la palabra perdón?

EJERCICIO 4.1: TU ASOCIACIÓN CON EL PERDÓN

Objetivo. La finalidad de este ejercicio es reflexionar sobre tus asociaciones con el perdón.

Instrucciones. Escribe palabras o frases que vengan a tu mente cuando piensas en el perdón. No pienses mucho sobre esto y trata de no censurarte. Simplemente permítete asociar libremente.

Una vez completada tu lista, revisa cada asociación y añade un signo de más al lado de las asociaciones positivas, un signo de menos al lado de las asociaciones negativas y una *n* al lado de las asociaciones neutrales.

PALABRA O FRASE	+, –, N	PALABRA O FRASE	+, –, N

Reflexión. Tómate un momento para revisar tu lista. Cuenta el número de asociaciones positivas, negativas y neutras asociadas con el perdón.

- Número de asociaciones positivas: _____
- Número de asociaciones negativas: _____
- Número de asociaciones neutras: _____

¿Fueron más asociaciones positivas? ¿Negativas? ¿Neutras? ¿Cómo relacionas estas asociaciones con el perdón?

____

____

Hemos hecho este ejercicio con gran variedad de audiencias y es siempre interesante escuchar lo que la gente tiene que decir. Durante una de nuestras presentaciones, un hombre de unos cincuenta años que estaba sentado al fondo de la sala dijo que su asociación con el perdón era: "¡Primero muerto!". No quiso profundizar más, pero su comentario impactó a todos. Tal vez todos nos hemos sentido como él alguna que otra vez. C.S. Lewis capturó este sentimiento cuando escribió: "Todos dicen que el perdón es una encantadora idea, hasta que tienen algo que perdonar..." (1952: 115).

El perdón tiene su cuota de críticas. Cuando Mark era psicólogo interno en el centro de terapia de la universidad, a cada clínico se le pedía que diera una psicoterapia de grupo enfocada en un tema o en un tipo de problema. Mark sugirió un grupo de perdón para personas que estaban divorciadas. Ni se imaginaba que esta idea causaría tal jaleo. Algunos clínicos apoyaron su idea y estuvieron de acuerdo en que un grupo de perdón brindaría una alternativa de tratamiento interesante para los pacientes. Otros tenían serias reservas e hicieron preguntas duras: ¿cómo un grupo de perdón podría ser apropiado para personas que habían experimentado abuso o trauma? ¿Podía el perdón colocarlos en riesgo de volver a ser heridos?

Éstas eran excelentes preguntas que requerían una respuesta bien pensada. Mark señaló que los individuos serían cuidadosamente seleccionados para asegurarse de que el grupo fuera apropiado para ellos. También aclaró lo que él entendía por perdón. Investigadores sobre el perdón, como Enright y Fitzgibbons (2000), y McCullough, Pargament y Thorsesen (2000), habían establecido que para comprender lo que es el perdón debes también comprender lo que no es, así que comencemos por ahí.

PERDÓN: LO QUE NO ES

Olvido. Pasa por alto la conocida frase "perdona y olvida". Si pudieras olvidar lo que sucedió, ¡no habría necesidad de perdonar! Una de las razones por las que el perdón es tan desafiante es porque la mayoría de las personas recuerda los eventos traumáticos y dolorosos. Lewis Smedes, teólogo y autor finado, escribió: "Perdonar no es borrar el amargo pasado. Un recuerdo sanado no es un recuerdo borrado. En cambio, perdonar lo que no podemos olvidar crea una nueva forma de recordar. Cambiamos la memoria en nuestro pasado por la esperanza en nuestro futuro" (1996: 171). El perdón puede transformar tus recuerdos, de modo que te permite salir adelante del sufrimiento.

Condonar o excusar. Algunos críticos sostienen que el perdón es semejante a condonar o a excusar el comportamiento del ofensor. Vale la pena abordar esto porque a veces la gente racionaliza el comportamiento de sus ex y encuentra excusas para lo sucedido. Algunos incluso se convencen a sí mismos de que merecían ser tratados mal y trasladan las acciones injustas hacia sí mismos. Estos pensamientos son problemáticos porque no son verdaderos y porque te ponen en riesgo de volver a ser lastimado. Sin embargo, nada tienen que ver con el perdón. El perdón comienza con la premisa de que, número uno, no mereces ser maltratado y, número dos, no tolerarás ningún maltrato.

Reconciliación. El perdón no es lo mismo que la reconciliación. La decisión de perdonar depende de si estás listo para dejar ir los pensamientos y los sentimientos dolorosos, mientras que la decisión de reconciliarte toma en cuenta el comportamiento del ofensor. En algunas situaciones, reconciliarte con una persona que te ha lastimado es peligroso o simplemente poco sabio. Aunque algunas veces, las personas mantienen la esperanza de que pueden restablecer la relación romántica con sus ex, este resultado es normalmente imposible o no deseable. Más comúnmente, las personas divorciadas que quieren reconciliarse esperan mantener una comunicación abierta, una relación funcional como padres o incluso una amistad con sus ex.

Perdón legal. Si tu ex cometió un crimen en tu contra, el perdón no elimina la necesidad de que enfrente las consecuencias a través del sistema legal. De forma similar, el perdón no significa que abandones los acuerdos del divorcio. A fin de cuentas, enfrentaste un desafío considerable para construir tu nueva vida posterior al divorcio y es justo que obtengas una parte de los recursos financieros.

Rápido y fácil. El perdón raramente es rápido y fácil. Es cierto: algunas personas dicen que perdonaron a su agresor inmediatamente después de la transgresión. Otros explican que sus sentimientos de enojo se disiparon al haber experimentado un repentino y dramático cambio de corazón. Sin embargo, el perdón instantáneo y la epifanía son la excepción más que la regla. Para la mayoría de nosotros, el perdón es un proceso desafiante que requiere tiempo, compromiso y esfuerzo.

Un signo de debilidad. Mahatma Gandhi una vez dijo: "El débil nunca puede perdonar. El perdón es atributo de los grandes". No estamos para contradecir a Gandhi. Requiere una gran fuerza perdonar, particularmente si has sido profundamente herido.

PERDÓN: LO QUE SÍ ES

Ahora que hemos enfatizado lo que no es el perdón, ¿qué rayos es? El perdón implica dejar ir los sentimientos, pensamientos y acciones negativas hacia una persona que nos ha lastimado y reemplazar todo ello con un enfoque más positivo.

El psicólogo Everett Worthington (*et al.*, 2007) hace una distinción entre el perdón decisional y el perdón emocional. El perdón decisional ocurre cuando decides perseguir el perdón como una meta. Sin embargo, sólo por tomar esta decisión no significa que tus emociones seguirán el mismo cauce. Cuando has sido profundamente herido, los sentimientos negativos, como la ira, pueden ser fácilmente detonados (véase capítulo 1). El perdón emocional, por otro lado, implica una profunda transformación en la que los sentimientos negativos hacia el ofensor se reemplazan con emociones más positivas. El perdón emocional normalmente requiere tiempo y mucho trabajo. A pesar de que pueden ocurrir en diferentes momentos, tanto el perdón decisional como el emocional son importantes para el proceso de perdón.

¿POR QUÉ MOLESTARSE EN PERDONAR?

La gente elige perdonar por muchas razones diferentes. Algunos perdonan porque se cansan de la carga emocional que llevan consigo. Otros, por profundas convicciones morales o religiosas. Otros ven en el perdón una forma de mejorar la salud y la paz mental. Los padres a veces lo hacen para dar un buen ejemplo a sus hijos. Sin importar cuáles sean tus razones, un creciente cuerpo de investigaciones científicas ha confirmado que perdonar produce resultados positivos. He aquí algunos de ellos.

PERDÓN Y SALUD FÍSICA

Así como los estudios han relacionado hostilidad con mala salud (véase capítulo 1), también han demostrado que el perdón está ligado a una mejor salud física. Por ejemplo, Lawler *et al.* (2003) encontraron que el perdón está relacionado con presión arterial más baja, menor ritmo cardiaco y menores enfermedades reportadas. Cuando fueron presionados a recordar un momento cuando uno de sus padres o cuidadores los lastimó o molestó, los participantes que perdonaron demostraron menores indicadores de dolor cardiovascular. Otro estudio de Lawler *et al.* (2005) mostró que el perdón está relacionado con menor cantidad de achaques físicos, menos medicinas usadas en el último mes, menos fatiga y mejor calidad de sueño. En otro estudio, cuando se les pedía a los participantes que se enfocaran en pensamientos de perdón, mostraron menor dolor fisiológico que cuando se les pidió que alimentaran rencores (Witvliet, Ludwig y Vander Laan, 2001).

PERDÓN Y SALUD MENTAL

Los sentimientos de tristeza y depresión son comunes después del divorcio, pero los estudios demuestran que perdonar a un exesposo predice mejor ánimo. Incluso luego de considerar el tiempo pasado desde el divorcio, el perdón de un ex está relacionado con menor depresión (Rye *et al.*, 2004). Además, las personas divorciadas que completaron intervenciones seculares grupales de ocho semanas mostraron una mayor disminución de depresión que aquellas que no recibieron la intervención (Rye *et al.*, 2005).

PERDÓN Y CRIANZA DE LOS HIJOS

Algunas personas perdonan porque quieren ayudar a sus hijos a ajustarse al divorcio. Kathryn Bonach (2005) examinó cómo la crianza postdivorcio se relacionaba con variables como el perdón, el número de hijos, la satisfacción con los acuerdos sobre la custodia, el tiempo transcurrido desde la separación o el divorcio, la satisfacción con los acuerdos financieros y la percepción de la severidad de las ofensas. De todas estas variables, el perdón era el mejor pronóstico para relaciones de crianza de calidad.

Aunado a la posibilidad de una mejor crianza, el perdón les da a los hijos un modelo de cómo lidiar con el conflicto. Lo admitan o no, los hijos ponen atención y aprenden de las acciones de sus padres. Emprender el viaje del perdón les brinda a los hijos un modelo alternativo al eterno ciclo del enojo, la recriminación y la culpa, todo común en los divorcios conflictivos. Piénsalo: ¿cuál es la mejor lección que los hijos pueden aprender sobre cómo manejar un conflicto interpersonal?

PERDÓN Y BIENESTAR ESPIRITUAL O RELIGIOSO

Muchas personas aprovechan la fe religiosa para perdonar. No tienes que ser una persona religiosa o espiritual para valorar el perdón o los beneficios que provienen de él. Sin embargo, el perdón es apreciado por las mayores religiones y muchos individuos religiosos practican el perdón. Para muchos, el perdón brinda un medio para mejorar el crecimiento espiritual. De hecho, las investigaciones han demostrado que el perdón a un exesposo se relaciona con un importante sentimiento de bienestar religioso (Rye *et al.*, 2004).

DOS POSIBLES CAMINOS

El poeta Robert Frost alguna vez escribió elocuentemente acerca del encuentro de dos caminos que divergían en el bosque. Al pasar por un divorcio, puedes encontrar dos caminos divergentes, y el camino que elijas sí importa. Uno se llama la Carretera de la Hostilidad, y el otro, Autopista del Perdón. Tal vez pienses: "¿No hay otros? ¡No me gusta ninguna de esas dos opciones!". Si encuentras otro camino que te ayude a sanar, ¡síguelo! En este libro nos enfocaremos en estos dos senderos en particular porque muchas personas se aferran a sentimientos de amargura tras un divorcio, aun cuando eso prolonga su sufrimiento. La tabla 3 revisa lo que los estudios científicos han descubierto sobre la hostilidad y el perdón.

	CARRETERA DE LA HOSTILIDAD	AUTOPISTA DEL PERDÓN
TU SALUD	La hostilidad se relaciona con problemas crónicos de salud, como la enfermedad coronaria y la hipertensión.	El perdón se asocia con una disminución en el distrés psicológico.
TU HUMOR	La hostilidad se vincula con un incremento en la depresión.	El perdón se relaciona con una disminución en la depresión.
TU AJUSTE ANTE EL DIVORCIO	La hostilidad se ha asociado con pobres estrategias de afrontamiento.	El perdón de un exesposo está asociado con un mejor ajuste postdivorcio.
TU AJUSTE DE CRIANZA DE HIJOS	La hostilidad alimenta los conflictos de la crianza. Los niños se sienten atrapados en medio de las discusiones de sus padres.	El perdón se relaciona con una mejoría en la crianza y con menos conflictos parentales. Ser modelo de perdón para tus hijos les puede ayudar a considerarlo como una estrategia cuando experimenten conflictos interpersonales en sus propias vidas.
BIENESTAR ESPIRITUAL	El sentir hostilidad puede contribuir a sentimientos de desconexión con Dios o con los demás.	El perdón se relaciona con mayores niveles de bienestar espiritual y es consistente con las enseñanzas de las grandes religiones.

Si te encuentras recorriendo la Carretera de la Hostilidad y reaccionando en el camino de la ira cada vez que tu ex o alguien más con escasas habilidades de manejo se interpone en tu camino, plantéate unas importantes preguntas: ¿está funcionando este sendero para ti? ¿Estás encontrando el sentido de paz que deseas? ¿Mantener un rencor castiga a la otra persona o a ti? ¿Qué consecuencias has experimentado (o puedes experimentar en el futuro) al estar enojado?

Puede ser tentador culpar a tu ex de tu enojo. Sin embargo, aunque tu ex es responsable por sus acciones dolorosas, sólo tú puedes decidir qué camino seguir como respuesta. Incluso si tu ex recorre a gran velocidad la Carretera de la Hostilidad, no tienes por qué seguirlo.

Si eliges la Autopista del Perdón, no te sorprendas si te encuentras de pronto virando en otra dirección. No seas duro contigo mismo. Aprender cómo mantenerse en la Autopista del Perdón requiere tiempo y práctica. No olvides en ningún momento, que, si quieres, puedes cambiar de dirección, puedes cambiar de carril y tomar la siguiente salida. Esto nos lleva a una importante pregunta: ¿estás listo para trabajar en el perdón?

No todo el mundo está listo para encarar el tema del perdón y está bien. Si has atravesado muchas dolorosas experiencias, puedes necesitar más tiempo para procesar tus sentimientos. Esto es especialmente cierto para personas que han estado en relaciones abusivas.

DEJAR UNA RELACIÓN ABUSIVA

Si tienes tendencia a permanecer en relaciones abusivas, te recomendamos enfáticamente que te apartes del trabajo del perdón por ahora y saltes el ejercicio 4.2 y el capítulo 5. En cambio, te invitamos a que trabajes de forma colaborativa con un terapeuta para desarrollar un plan que te mantenga (a ti y a tus hijos si eres padre/madre) a salvo. Como ya se ha mencionado, el perdón nada tiene que ver con dejar que otros te hagan daño en el futuro. No obstante, aferrarse a la rabia puede ayudar a algunas personas a abandonar a parejas abusivas. En algún punto del camino, una vez que estés a salvo y ya no en una relación abusiva, estarás en una mejor posición para trabajar con el perdón si así lo deseas.

El siguiente ejercicio te invita a reflexionar sobre tu disposición para perdonar, considerando en dónde encajas con el modelo teórico de cambio desarrollado por James Prochaska y Carlo DiClemente (1984). Este modelo usa los términos *precontemplación*, *contemplación*, *preparación*, *acción* y *mantenimiento* para determinar la disposición al cambio entre las personas que enfrentan diversos problemas. Aquí estos términos se aplican a la disposición para el perdón.

EJERCICIO 4.2: EVALUAR TU DESEO Y DISPOSICIÓN AL PERDÓN

Objetivo. El propósito de este ejercicio es reflejar tu disposición al perdón y en dónde te encuentras en el proceso del perdón.

Instrucciones. Considera las siguientes descripciones de los cinco pasos de la disposición al perdón y elige la que mejor te describe. No hay respuestas correctas o equivocadas, pero sé honesto sobre cómo te sientes ahora mismo. Para cada nivel, ofrecemos sugerencias de qué hacer a continuación.

Ten presente. Recuerda: te recomendamos vivamente que dejes este trabajo sobre el perdón si estás tratando de salir de una relación abusiva en este momento.

Coloca una *x* al lado del nivel que mejor te describe.

NIVEL	NOMBRE	DESCRIPCIÓN
1	PRECONTEMPLACIÓN	No estoy considerando perdonar a mi ex y no tengo planes de cambiar de idea en el futuro cercano. Me opongo a la noción de perdonar a alguien que me ha herido tan profundamente. El perdón es una meta poco realista, dado lo que yo he pasado. Francamente, me molesta incluso que hayan propuesto el tema. **Sugerencia: Si es así como te sientes, tal vez quieras saltar el capítulo 5 y pasar directamente al 6.**
2	CONTEMPLACIÓN	Estoy pensando en perdonar a mi ex, pero no he tomado aún la decisión. **Sugerencia: No es inusual experimentar cierta ambivalencia respecto del perdón. Puedes saltar el capítulo 5 por ahora y volver a él si decides que quieres trabajar con el perdón.**
3	PREPARACIÓN	Me estoy preparando para mi viaje de perdón. Sin embargo, a veces me pregunto si podré perdonar a mi ex después de todo lo que sucedió. **Sugerencia: Está bien tener dudas. ¿Quién no ha dudado sobre su capacidad de alcanzar una meta difícil? Sin embargo, no dejes que las dudas te disuadan de emprender el viaje. Si piensas que el perdón te puede beneficiar y estás decidido a intentarlo, ¡lo lograrás! Te alentamos a que sigas con el capítulo 5 para que encuentres sugerencias sobre el viaje en la ruta del perdón.**
4	ACCIÓN	Estoy listo para partir. He decidido que estoy cansado de este lastre emocional que he estado llevando y creo que el perdón es el camino correcto para mí. He comenzado a transitar la ruta del perdón, pero aún me falta mucho. **Sugerencia: Lee el capítulo 5 para obtener ideas que te apoyarán en tu viaje de perdón.**
5	MANTENIMIENTO	Ya he estado trabajando en el perdón durante algún tiempo. Algunos días son más difíciles que otros y a veces un evento o una acción detona sentimientos de rabia o tristeza. Sin embargo, estoy haciendo un claro progreso y quiero seguir por este camino. **Sugerencia: El capítulo 5 te ofrece útiles ideas sobre cómo lidiar con los reveses durante el viaje del perdón.**

Reflexión. Recuerda que cualquiera que sea el nivel en el que te encuentres ahora está bien. Lo importante es que puede que no estés listo para soltar las cosas. Enojarte o frustrarte contigo por no estar listo solamente añade más sufrimiento. Y no dejes que nadie te avergüence por pensar que hay algo malo en ti por mantener estos sentimientos. Ten presente que tu disposición al perdón puede cambiar con el tiempo, así que es importante revisar periódicamente este ejercicio.

¿QUÉ SIGUE?

Si estás listo para trabajar en soltar tus sentimientos negativos hacia tu ex y hacia otros que te hayan herido en el proceso de divorcio, o si quieres continuar con el viaje de perdón que has emprendido ya, el siguiente capítulo te brinda consejos útiles para progresar. Si no estás listo para trabajar en perdonar a quien te dañó, pasa directamente al capítulo 6.

CAPÍTULO 5

"Parece que no puedo dejar ir mis sentimientos"
APRENDER A PERDONAR

Decidir perdonar es una cosa. Lograrlo puede ser otra. No hay duda de que perdonar a tu ex o a cualquiera que te haya herido durante el divorcio puede ser un reto desafiante. Una de las razones por las que puede ser tan difícil es porque el perdón nos lleva a un territorio desconocido. La ira, el resentimiento y la tristeza pueden ser dolorosos, pero son frecuentemente sentimientos familiares.

El perdón requiere una nueva y valerosa forma de pensar acerca de quienes te han hecho daño. Al perdonar, debes echar mano de tus más profundos recursos, mientras buscas transformar las experiencias dolorosas en algo que te ayude a crecer como persona.

ENFOQUE DEL CAPÍTULO

Este capítulo ofrece algunas estrategias útiles para prepararte y trabajar en el perdón tras el divorcio. También discutimos algunos obstáculos que puedes enfrentar cuando tratas de perdonar.

PREPARARTE PARA PERDONAR

Algunas cosas pueden hacer tu viaje más leve cuando te preparas para trabajar en el perdón. Incluso si ya has emprendido este camino, puedes encontrar útil revisar estas ideas.

UN PASO A LA VEZ

El pensamiento de perdonar a tu ex o a alguien que te lastimó profundamente durante el divorcio puede parecer avasallador. Es como trepar una alta montaña. Nadie puede escalar una montaña de un solo paso; en cambio, necesitas dar muchos pasos para llegar a la cima. Si te enfocas en lo empinado de la montaña, en cuán duro estás trabajando, en cuántos pasos te faltan o en la posibilidad de que haya un oso grizzli en la cúspide, puedes sentirte desalentado. Por otro lado, si te enfocas en el siguiente paso y nada más, la tarea parece mucho menos abrumadora. Por cierto, si escalas hacia el perdón, asegúrate de tomarte el tiempo de saborear el panorama.

SÉ COMPASIVO CONTIGO

Trata de no juzgarte cuando emprendes el proceso del perdón. Es posible que enfrentes reveses y retos a lo largo del camino, y está bien. Regañarte por luchar con el perdón sólo hará que tu viaje sea más duro. Puedes encontrar útil revisar algunos de los ejercicios de la autocompasión en el capítulo 3 para empezar.

ÁBRETE A NUEVAS FORMAS DE PENSAR

Cuando tu auto se atasca en el lodo, acelerar a toda potencia puede empeorar las cosas. De forma similar, ceñirte tenazmente a las suposiciones que te dejan atorado en los sentimientos de enojo y amargura no es una buena estrategia para seguir adelante. Empero, si deseas darle un ligero giro al volante y consideras la posibilidad de que hay otras formas de pensar acerca de tu ex y otros que te han herido, puedes avanzar de nuevo.

ESTRATEGIAS DE PERDÓN

No existe un enfoque de perdón que sirva igual para todos, porque cada uno de nosotros aportamos un único tipo de experiencias, perspectivas y predisposiciones genéticas al proceso. El secreto es adoptar las estrategias de perdón que funcionen para ti. Afortunadamente, puedes aprovechar los descubrimientos de las investigaciones, los programas de perdón establecidos y la experiencia de personas que ya han realizado el viaje, para obtener consejos sobre cómo llegar a tu destino. He aquí ocho estrategias que te pueden ayudar a perdonar. A pesar de que el enfoque aquí se centra en el perdón de tu ex, estas estrategias pueden ser fácilmente aplicadas para perdonar a cualquiera que te haya herido profundamente.

ESTRATEGIA 1: DEJA IR LAS PEQUEÑAS COSAS

En tu primer día de entrenamiento para una maratón, probablemente lo mejor es no comenzar con una carrera de 42 kilómetros. Si no has estado muy activo físicamente por un tiempo, puedes comenzar con una ligera actividad aeróbica, como una caminata alrededor de la manzana algunos días. De forma similar, al perdonar, ¿por qué no comenzar por soltar las pequeñas cosas?

Tómate un momento y revisa tu inventario de resentimientos del ejercicio 1.1, para que identifiques los rencores que serían más fáciles de soltar. Comienza a tratar de dejarlo ir. Cuando trabajas en dejar ir un resentimiento, puedes comenzar por darte cuenta de cuándo tus pensamientos regresan a esa transgresión. Como se mencionó en el capítulo 2, ser más consciente de tus pensamientos y luego permitir que se disipen puede disminuir el poder que ellos tienen sobre ti. Haz un compromiso para cambiar tu enfoque de la transgresión a los beneficios que te esperan una vez que sueltes. Puedes imaginarte a ti mismo dejando atrás un objeto pesado que representa la transgresión, de modo que estarás cargando un peso más ligero. Otras sugerencias sobre cómo dejar ir los resentimientos se presentan más adelante en este capítulo, así que sigue leyendo.

Cada vez que dejas ir un resentimiento, te sientes un poco más ligero y ganas confianza en que puedes vencer heridas más pesadas en el camino. Conforme ejercites los músculos del perdón, se volverán más fuertes.

ESTRATEGIA 2: EXPRESA TU INTENCIÓN DE PERDONAR

Cuando los logros están claramente definidos, es más fácil dar los pasos en la dirección correcta. ¿Por qué no comenzar por declarar que el perdón es tu destino deseado? Esto puede ser tan simple como prometértelo a ti mismo. O se lo puedes decir a un amigo de confianza, a tu terapeuta o a un líder religioso. Sin embargo, decírselo a tu ex podría empeorar las cosas, especialmente si tu ex nunca reconoció que te lastimó. No te recomendamos que se lo digas a tu expareja a menos que él o ella estén realmente arrepentidos y te estén pidiendo perdón.

Te invitamos a escribir una carta dirigida a tu exesposo, ¡pero no se la envíes! La carta es para ti, no para tu ex.

EJERCICIO 5.1: LA CARTA NO ENVIADA

Objetivo. La finalidad de este ejercicio es expresar por escrito tu compromiso de perdonar.

Instrucciones. Escribe una carta a tu ex en la que describas por qué decidiste trabajar en el perdón hacia él/ella. Esta carta puede ser tan larga o tan corta como desees.

Puedes escribir la carta de un solo tirón o a lo largo de varios días (tras completar este ejercicio, muchas personas descubren que han escrito una breve novela). Si necesitas más espacio del que se proporciona, puedes usar tu diario para continuar escribiendo.

Si otras personas además de tu ex te hirieron profundamente, considera escribir cartas separadas a cada uno de ellos.

Variaciones. Si no te gusta escribir cartas o no eres bueno expresándote por escrito, considera una de las siguientes variaciones.

- **Opción 1.** Un mensaje de audio. Graba un mensaje de audio en donde expliques por qué decidiste trabajar en el perdón. Puedes usar una tableta, un teléfono o (¡cielos!) hasta una grabadora.
- **Opción 2.** Reflexión artística. Si tienes tendencias artísticas, puedes reflejar tu decisión de perdonar a través de la música, la poesía, el cuento o la pintura.

Ten presente. Recuerda que el propósito de este ejercicio es reflexionar sobre tus sentimientos y expresar tu deseo de perdonar, no causar conflicto. Entonces, por favor, no envíes esta carta ni la compartas con tu ex. También asegúrate de conservarla en un lugar seguro, de forma que no la encuentre nadie que no la deba leer.

Fecha: ___________

Querido/a: ____________________

Reflexión

Brevemente describe cómo se siente expresar tu intención de perdonar.

____

____

¿Qué nuevas percepciones obtienes con la carta, la grabación o la creación artística?

____

____

Puede que quieras dedicar algún tiempo a discutir sobre tu carta con algún amigo cercano, con tu grupo de apoyo de divorcio o con tu terapeuta.

ESTRATEGIA 3: ENFÓCATE EN UN MODELO INSPIRADOR

¿Hay alguien en tu vida que pueda servirte de modelo inspirador para el perdón? ¿Algún miembro de tu grupo de apoyo de divorcio? ¿Un amigo? ¿Uno de tus padres? ¿Abuelos? ¿Hermano? ¿El primo segundo dos veces olvidado?

Si nadie viene a tu mente, considera elegir una guía que no conozcas personalmente. Si te gustan las novelas, ¿hay algún personaje cuya decisión de perdonar te inspire? (Jean Valjean de *Los miserables* viene a la mente de Mark). Si eres religioso, ¿hay alguien de las Escrituras que puede enseñarte sobre el perdón? Puedes igualmente hacer una investigación en internet acerca de material autobiográfico sobre el perdón y leer de primera mano relatos de personas que han perdonado a pesar de haber sido profundamente heridos.

ESTRATEGIA 4: EXPANDE Y CAMBIA TU ENFOQUE

Mirar las noticias de la noche usualmente no es una experiencia alentadora. Aunque el contenido de las historias cambia día a día, los temas recurrentes son generalmente desastres naturales, crímenes violentos, riñas policiacas y guerras (con una historia positiva al final sobre el rescate de un panda rojo que huía). La mayoría de las noticias es ciertamente negativa y pesimista, y a veces puede ser difícil recordar que lo que ves en la pantalla no es representativo de todo lo que está pasando.

De forma similar, conforme repasas los eventos del divorcio en tu mente, es fácil que te quedes atrapado en el drama de todo ello y que olvides que hay otra programación disponible. Esta idea fue presentada por Fred Luskin (2002), autor de *Forgive for Good*, quien compara tu proceso de pensamiento, después de que te han herido, con mirar la televisión. Luskin señala que, si mantienes el hábito de ver el Canal de los Lamentos, tu sentido de agravio y los sentimientos de hostilidad se fortalecerán. Por otro lado, hay otra programación disponible y puedes cambiar el canal siempre que quieras. Luskin señala que puedes sintonizarte en el Canal de la Belleza, el Canal del Amor, el Canal de la Gratitud y el Canal del Perdón. De hecho, todas las estrategias de la psicología positiva expuestas en este libro son ejemplos de en qué cosas puedes enfocarte aparte de los sentimientos de ira, injuria y resentimiento.

ESTRATEGIA 5: APROVECHA TU FE

La gente comúnmente se vuelca hacia su fe religiosa cuando atraviesa tiempos duros o cuando trata de realizar una tarea difícil. Por ejemplo, algunas personas son capaces de perdonar a través de la oración. Lambert *et al.* (2010) aplicaron dos estudios para examinar el efecto de la oración en el perdón. En el primer estudio, encontraron que los participantes a quienes se les había asignado orar por su pareja romántica estaban más dispuestos a perdonar que los participantes a quienes se les asignó una actividad alternativa. En el segundo estudio descubrieron que las personas a las que se les había instruido para orar por un amigo que los había herido tuvieron un puntaje más alto en perdón que los participantes que oraron por algún otro asunto o que simplemente se enfocaron en pensamientos positivos hacia sus amigos.

No todos los que valoran la oración desean orar por la persona que les hizo daño. A pesar de ello, hay otras formas en las que la oración puede ser útil en el proceso de perdón. Algunos sujetos confían en la oración como un medio de obtener confort y apoyo cuando están enfrentando un reto difícil (trabajar en perdonar a tu ex definitivamente califica como tal). Otras personas prefieren la oración contemplativa, en la que tratan de aquietar sus mentes y escuchan su sabiduría divina o interior respecto a cómo piensan y actúan. Si la oración es una parte importante de tu vida, tal vez quieras probarla al trabajar en el perdón. Si la oración no es lo tuyo, considera enfocarte en una meditación consciente (véase el capítulo 2) para cambiar tu perspectiva sobre tu ex.

ESTRATEGIA 6: PIENSA EN LOS MOMENTOS CUANDO HICISTE ALGO HIRIENTE

Es fácil criticar a los otros por su atroz comportamiento; a muchos de nosotros nos resulta mucho más difícil mirar honestamente nuestra actuación. Y todas las grandes religiones nos invitan a reflexionar en nuestros propios defectos. Por ejemplo, el día más santo del calendario judío, *Yom Kippur*, implica una profunda reflexión y expiación por los propios pecados. En el Nuevo Testamento cristiano, Jesús pregunta por qué nos enfocamos en la paja en el ojo ajeno y no en la viga en el propio. Cuando te enfrentas a los defectos de los demás, puede ser útil tomar unos momentos para reflexionar sobre los propios.

¿Alguna vez has hecho o dicho algo hiriente? El propósito de esta pregunta es que humanices a tu ex. No obstante, esto no sugiere que merecieras ser lastimado (porque no es así) o que te hicieran sentir mal. Si sientes vergüenza o culpa respecto de tus acciones en el pasado, o tienes dificultad para seguir adelante, por favor revisa el capítulo 6 para obtener consejos útiles.

ESTRATEGIA 7: EMPATIZA CON TU EX

Puede que estés pensando: "¿Qué? ¿Quieres que me identifique con mi ex? ¿Después de todo lo que pasó? ¿Después de lo que mi familia ha tenido que atravesar?". Sí, si quieres hacer un progreso en el perdón. Reconocemos que tratar de identificarte con lo que tu ex siente puede ser muy difícil al inicio. Si no estás listo para trabajar con esto, está bien. Salta este paso y continúa con la siguiente estrategia de perdón. Sin embargo, te pedimos que vuelvas a ésta cuando puedas, porque las investigaciones demuestran que desarrollar empatía hacia la persona que te lastimó es uno de los secretos para poder perdonar (McCullough, Worthington y Rachal, 1997; Riek y Mania, 2012).

A continuación, hay algunas sugerencias para incrementar tu empatía hacia tu ex. Pueden implicar un desafío a tu actual forma de pensar. De nuevo, si algunas de éstas resultan demasiado incómodas, dado tu actual estado mental, sería mejor detenerte por ahora. No obstante, si te sientes listo, toma estas ideas y mira si pueden suavizar tu visión sobre tu ex.

CONSIDERA CUÁNTO SUFRE TU EX

Piensa en algún momento en el que hayas sentido un intenso dolor físico. Tal vez te lastimaste o sentiste dolor debido a una condición crónica de salud. El dolor vivo requiere tu atención inmediata y, cuando lo sientes, puede ser difícil que pienses en alguna otra cosa. Lo mismo puede ser válido para el dolor emocional. Cuando estás sufriendo profundamente, puede ser difícil darte cuenta de algo más. Puede ser particularmente difícil reconocer que tu ex está sufriendo cuando esto no encaja con la historia que has desarrollado sobre el divorcio. Mira el siguiente caso.

EL CASO DE JOANNA

Joanna vive en el mismo pequeño pueblo que su ex, Alicia, y se la encuentra frecuentemente. Alicia aprovecha cada oportunidad para reñir con Joanna enfrente de amigos y colegas de trabajo acerca de sus "errores" durante el matrimonio. Joanna considera que esto es profundamente incómodo y le molesta que Alicia no la deje en paz. Un día, luego de otra incómoda interacción con Alicia, Joanna notó que ella no se veía bien. Tal vez los efectos financieros del divorcio habían comenzado a afectar su salud. Tal vez estaba deprimida y había dejado de cuidarse. Joanna vio por primera vez que, debajo de la animosidad de Alicia, ésta estaba sufriendo.

El corazón de Joanna se suavizó de alguna forma a partir de ese momento. A pesar de que Joanna a veces seguía enojándose, comenzó a ver a Alicia a través de unos lentes más compasivos y reconoció que los problemas personales de Alicia hacían que le fuera difícil seguir con su vida.

El siguiente ejercicio te invita a considerar algunas formas en las que tu ex ha sufrido tras el divorcio. Recuerda que identificarte con tu ex no es lo mismo que excusarlo o condonar sus acciones hirientes. Más aún, reconocer que tu ex está sufriendo no disminuye tu propio sufrimiento.

EJERCICIO 5.2: RECONOCER FORMAS EN LAS QUE TU EX PUEDE ESTAR SUFRIENDO

Objetivo. Este ejercicio te pide que reflexiones sobre cómo tu ex puede estar sufriendo, lo que puede ayudarte a soltar tus sentimientos negativos.

Instrucciones. Haz una lista de tres formas en las que tu ex ha sufrido (o está sufriendo) desde el divorcio.

Ten presente. Este ejercicio puede ser muy desafiante, particularmente si en la superficie parece que todo está yendo bien para tu ex y que todo te está saliendo mal a ti. Sin embargo, si deseas ver en profundidad y con un corazón abierto, te harás más consciente de formas en las que tu ex experimenta desafíos.

Si tienes dificultad con este ejercicio, elige algo pequeño. Incluso puedes enlistar cosas con las que tu ex tuvo que lidiar cuando aún estaban casados.

Tres formas en las que tu ex ha sufrido

Ejemplo 1: Mi ex ha tenido problemas financieros desde el divorcio.

Ejemplo 2: Mi ex no tiene amigos cercanos en quienes confiar y ha estado enfrentando solo el divorcio.

1. ____

2. ____

3. ____

Reflexión

¿Cómo te fue con esta tarea?

____

____

De las cosas que enlisaste, ¿algo te sorprendió?

____

____

¿Cómo el pensar en el sufrimiento de tu ex puede ayudarte a perdonarlo?

____

____

RECONSIDERA LAS RAZONES DEL COMPORTAMIENTO DE TU EX

Cuando nos han tratado como a una basura (éste es el término técnico que los terapeutas usan), la mayoría de nosotros nos vemos motivados a explicar por qué la otra persona actuó en la forma que lo hizo. Los psicólogos llaman a estas explicaciones *atribuciones*, las cuales nos ayudan a darle sentido al mundo. Es interesante, pero la explicación que das al comportamiento del otro tiende a diferir de la explicación que darías si se tratara de tu propio comportamiento.

Piensa en la última vez en que alguien se te cerró en el tráfico. Tal vez estabas asustado o enojado porque las acciones del otro conductor pudieron haber causado un accidente. ¿Cuál fue la explicación inmediata de por qué el conductor se te cerró? Si eres como mucha gente, habrás dicho: "¡Por idiota!" o "¡Ese imbécil no sabe manejar!" (sabemos que conoces un lenguaje más fuerte, pero teníamos que pasarle esto a los editores).

Ahora piensa en la última vez que te le cerraste a alguien al conducir (admítelo, todos lo hemos hecho alguna vez). ¿Cómo te explicas este desliz? ¿Dijiste: "Soy un idiota que no sabe manejar"? (Si así fue, por favor avísanos la próxima vez que salgas a conducir). Lo más probable es que hayas tenido en cuenta las circunstancias atenuantes: "Mi bebé lloraba en el asiento de atrás y me distraje", "Ese día tenía un fuerte dolor de espalda", "La canción en la radio era tan mala que tuve que cambiarla de inmediato" o "El otro conductor iba demasiado lento".

Cuanto más tiendas a enfocarte exclusivamente en los defectos de carácter de tu ex y a ignorar otras posibles explicaciones, más difícil será perdonarlo. En el extremo están las personas que satanizan a sus ex y creen que ellos son la causa de todo el mal de este mundo.

Tal vez tu ex tiene defectos de carácter que lo orillan a tratar pobremente a los demás. Si es así, no hay necesidad de negar o encubrir el hecho de que tu ex interactúa con otros en formas fundamentalmente problemáticas. No obstante, es tu decisión enfocarte en esos defectos y satanizar a tu ex, o buscar formas alternativas de pensar que te hagan más fácil salir del enojo y el dolor que has estado llevando a cuestas.

La perspectiva de Joanna cambió cuando consideró los complejos factores que contribuían al hiriente comportamiento de Alicia. Los padres de Alicia fueron pobres modelos de cómo comportarse en un matrimonio saludable. Alicia había dejado recientemente su trabajo y estaba teniendo problemas para encontrar uno nuevo. Alicia también luchaba con la depresión. Ninguno de estos factores excusaba su comportamiento hiriente. Pero le dieron algo de contexto a Joanna para mirar las tensas interacciones desde una nueva perspectiva.

El siguiente ejercicio te pide que pienses en nuevas formas sobre las posibles razones para el comportamiento de tu ex.

EJERCICIO 5.3: NUEVAS PERSPECTIVAS SOBRE EL COMPORTAMIENTO DE TU EX

Objetivo. El fin de este ejercicio es considerar las explicaciones alternativas al comportamiento de tu ex que puedan ayudarte a dejar ir los sentimientos negativos.

Instrucciones. Elige tres comportamientos de tu ex que te molesten o lastimen. Considera las explicaciones para estos comportamientos que se enfoquen en circunstancias o en experiencias pasadas más que en defectos de carácter.

Ten presente. El objetivo no es excusar el comportamiento de tu ex o hacerlo menos responsable por sus acciones. Tampoco implica que tu explicación inicial sea necesariamente equivocada. Hay, sin embargo, gran valor en una lluvia de ideas sobre otras formas de pensar en tu ex si estás atorado con sentimientos de enojo y resentimiento.

No te preocupes por llegar a las razones "correctas" sobre el comportamiento de tu ex. En cambio, usa este ejercicio como un recordatorio de que las razones por las que la gente se comporta como lo hace frecuentemente son complejas y tus juicios sobre sus acciones se basan en información incompleta.

COMPORTAMIENTO MOLESTO O HIRIENTE	TU EXPLICACIÓN ESTÁNDAR (QUE NO ESTÁ NECESARIAMENTE MAL)	EXPLICACIÓN ALTERNATIVA
Ejemplo: Mi ex siempre me critica.	Mi ex es mezquino.	1. Mi ex creció en un hogar donde no había mucho amor o afecto. 2. Las cosas no le están saliendo muy bien ahora.
		1. 2.
		1. 2.
		1. 2.

Reflexión

¿Qué tan fácil o difícil fue este ejercicio?

Si tuviste problemas con este ejercicio, ¡te aseguramos que no eres el único! Considera trabajar más adelante de nuevo con este ejercicio y fíjate si se hace más sencillo con el tiempo.

ESTRATEGIA 8: DESARROLLA UN RITUAL DE PERDÓN

La artista Karen Green creó una máquina del perdón tras sufrir una pena en su propia vida (Adams, 2011). La máquina, que tiene dos metros de alto, se presentó en una galería de arte de Pasadena. La gente podía escribir en un pedazo de papel lo que quisiera perdonar y después el papel se colocaba en la máquina, que lo devoraba como aspiradora y lo convertía en jirones. Green observó que los visitantes frecuentemente se tornaban emocionales al usar la máquina. Atrajo a una considerable multitud y eventualmente tuvo que ser desarmada por sobre uso.

¿No sería genial si el perdón fuera así de fácil? A pesar de que la máquina no puede reemplazar el trabajo interior que es necesario para el perdón, es útil crear un ritual que simbolice tu decisión de soltar las heridas que te han agobiado. Los rituales marcan cambios importantes y pueden dar un sentido de comodidad y predictibilidad cuando la vida parece fuera de control. Por ello, los expertos en control frecuentemente incorporan rituales en los programas diseñados para ayudar a la gente a perdonar.

En una versión de un programa de tratamiento que ofrecimos, los líderes de grupo dieron a los miembros divorciados una piedra fea, que pretendía simbolizar todo el dolor y el sufrimiento que habían experimentado a causa de las acciones hirientes de sus ex. Los líderes explicaron a los miembros del grupo que podían hacer lo que quisieran con la roca. La variedad de formas en las que trataron la roca en la siguiente semana fue interesante. Muchos miembros conservaron la roca porque no estaban aún listos para perdonar. Un grupo enterró la roca en su jardín. Otro la pintó, transformándola en algo hermoso. Muchos miembros del grupo bromearon sobre querer lanzar la roca a la ventana de su ex, pero por fortuna nadie lo hizo.

EJERCICIO 5.4: EL RITUAL DEL PERDÓN

Objetivo. El propósito de este ejercicio de dos partes es que diseñes y lleves a cabo un ritual de perdón que simbolice tu voluntad de perdonar.

Instrucciones para la Parte A. Diseña un ritual de perdón que sea significativo para ti. Enumera tus ideas en el espacio indicado. Puedes tomar ideas de este libro o desarrollar las tuyas.

Ten presente. Este ejercicio funciona mejor si has trabajado en el perdón por un tiempo. De esa forma, tu ritual puede ser un símbolo tanto del progreso que has alcanzado como de tu deseo de continuar por el camino del perdón.

IDEAS PARA RITUALES DE PERDÓN

Ejemplo 1: Escribir mis rencores y quemarlos en la chimenea.

Ejemplo 2: Soltar globos y verlos alejarse como símbolo de mi deseo de dejar ir mis cargas.

1. ____

2. ____

3. ____

4. ____

Instrucciones para la Parte B. Revisa tu lista y encierra en un círculo el ritual que sea más significativo para ti. Posteriormente, aparta un tiempo en el que no tengas distracciones y llévalo a cabo.

Ten presente. Recuerda que debes hacer esto sólo cuando estés listo. Si prefieres esperar más tiempo, está bien. Cuando estés listo, considera invitar a algún amigo cercano a observar. Tener a un amigo alrededor puede recordarte que no tienes que pasar por esto tú solo.

Reflexión. ¿Cómo fue esta actividad? ¿Qué sentimientos surgieron durante el proceso?

____

____

ANTICIPARSE A LOS OBSTÁCULOS DEL PERDÓN

¿Estás familiarizado con el programa de televisión *Wipeout*? Si no, es una serie de juegos en los que los participantes tratan de recorrer una pista con obstáculos tan rápido como les sea posible. Los obstáculos son grandes e intimidantes; casi siempre los participantes se tambalean en ellos de formas espectaculares y caen al agua. De forma similar, el camino hacia el perdón plantea enormes desafíos. A veces puedes golpearte con los obstáculos, tambalearte y ser tirado por ellos. Pero que te tiren en tu viaje del perdón no significa que no puedas llegar a tu destino. Sólo tienes que reagruparte y encontrar una forma diferente de encarar el obstáculo en el futuro.

Al emprender el viaje del perdón, anticipar los posibles retos del camino te ayudará a manejarlos de forma efectiva cuando surjan.

OBSTÁCULO 1: SEVERIDAD DE LAS OFENSAS

No es sorprendente: cuanto más profundamente has sido herido, más difícil es perdonar. Como Shauna en el capítulo 4, algunos divorciados creen que las ofensas cometidas por sus ex fueron tan importantes, profundas y moralmente reprochables que el perdón es imposible. Si es así como te alimentas, no vamos a tratar de discutir esa posición. Sólo tú puedes decidir si quieres buscar el perdón bajo estas circunstancias, aunque es posible perdonar después de una seria transgresión si decides que ésa es la ruta correcta para ti.

Posible solución

Elige como modelo a alguien que haya perdonado a otros después de haber sido terriblemente ofendido. Tal vez conoces personalmente a alguien que encaja con esta descripción. Si no, puedes obtener inspiración de autores que perdonaron a perpetradores de horribles crímenes. Por ejemplo, Everett Worthington Jr. (2003) escribió acerca de su decisión de perdonar a la persona que asesinó a su madre. Igualmente, Marietta Jaeger (1998) escribió sobre su decisión de perdonar a la persona que secuestró y mató a su hija.

Aunque algunas personas encuentran difícil imaginar que pueden perdonar a perpetradores de crímenes tan ruines, Worthington y Jaeger creyeron que el perdón era el mejor camino para ellos. Si has sufrido una terrible ofensa, sólo tú puedes decidir si el perdón es tu camino.

OBSTÁCULO 2: AUSENCIA DE DISCULPAS, REMORDIMIENTO O RESARCIMIENTO

Es más fácil perdonar cuando la persona que te ha herido se disculpa, muestra remordimiento o trata de hacer las cosas bien. Los estudios demuestran que los gestos reconciliatorios hacen el perdón más fácil porque presentan al transgresor más agradable, considerado y justo (Tabak *et al.*, 2012). Desgraciadamente, muchos exesposos nunca se disculpan o reconocen que sus acciones causaron sufrimiento, así que, si deseas perdonar sólo después de que tu ex muestre contrición, puedes esperar sentado en la banqueta.

Posible solución

Trata de enfocarte en los beneficios que el perdón tiene para ti. Si crees que el perdón te ayudará a sanar, ¿por qué la falta de disculpas o de corrección por parte de tu ex impediría tu progreso?

OBSTÁCULO 3: FRECUENTES RECORDATORIOS SOBRE CÓMO TE HIRIERON

Las personas que siguen interactuando con su ex, sea por elección o por necesidad, enfrentan frecuentes recordatorios sobre cómo fueron heridos. Las continuas interacciones con alguien que te ofendió pueden detonar sentimientos condicionados de rabia (véase capítulo 1). He aquí algunos ejemplos:

- Vivir en una ciudad pequeña o cerca de tu ex.

- Enfrentar procesos legales relacionados con tu divorcio o con los acuerdos de la custodia.

- Compartir amigos en común.

- Trabajar en la misma organización o profesión.

- Encuentros casuales.

- Crianza compartida.

- Eventos especiales de los hijos (obras escolares, graduaciones, bodas).

A pesar de que encontrar a tu ex en estas situaciones suele ser difícil, puedes cambiar tu enfoque de los pensamientos y sentimientos negativos que surgen cuando enfrentas estas situaciones desde una posición de fortaleza emocional.

Posible solución

Cuando te encuentras atorado pensando en cómo te hirieron, trata de enfocarte en cosas que te hagan sentir bien. Puedes incluso establecer un estricto límite de tiempo en el que te concentrarás en los lamentos del día.

OBSTÁCULO 4: TU EX SIGUE MOSTRANDO UN COMPORTAMIENTO HIRIENTE

De por sí es desafiante tener que interactuar con tu ex, pero ¿qué pasa si te sigue hiriendo? Un participante que acudió a un taller de divorcio señaló: "Es difícil perdonar cuando estás en mitad de un accidente automovilístico".

Posible solución

Recuerda, el perdón no significa que te dejes pisotear. "Cuando perdonamos a alguien que no está arrepentido por lo que nos hizo, no olvidamos y no permitimos que eso suceda de nuevo" (Smedes, 1996: 92).

Si mantienes comunicación con tu ex, habla con personas en quienes puedas confiar que te den un consejo objetivo sobre cómo manejar sus enredos. Es importante que desarrolles estrategias que funcionen para tu situación particular, pero aquí hay algunos lineamientos:

- A pesar de que tú no puedes controlar el comportamiento de tu ex, trata de limitar las oportunidades que tiene de herirte.

- Pon en claro que estás dispuesto a comunicarte con tu ex sólo cuando actúe de manera civilizada. Si tu ex no actúa de esta forma, termina la conversación de forma educada y deja en claro que continuarás sólo después de que se tranquilice

- Trata de filtrar todo lo desagradable o los ataques verbales en tu comunicación y enfócate en obtener la información necesaria.

- Cuando hables con tu ex, evita comenzar las frases con cosas como "Siempre haces esto", porque pondrá a tu ex a la defensiva. En lugar prueba con "Cuando haces X, Y y Z, yo siento..."

- Cuando tu ex sea quisquilloso en un tema, no le lances de inmediato un sermón sobre por qué su perspectiva está mal. En cambio, hazle un resumen de lo que dice para ver si comprendiste bien. Te sorprenderá cómo esta estrategia puede bajar la temperatura de una conversación álgida.

- Busca asistencia de la corte si tu ex viola los términos del divorcio o de la custodia.

Con suerte, al usar estas estrategias mejorarás tu comunicación con tu ex. Además, saber que estás haciendo lo mejor que puedes al lidiar con tu ex también te puede ayudar en el perdón.

OBSTÁCULO 5: ALGO SAGRADO FUE VIOLADO

El perdón puede ser especialmente difícil cuando tu ex ha violado algo que tú consideras sagrado. Por ejemplo, muchas personas ven el matrimonio como una relación sagrada. Cuando los votos maritales han sido violados, puede ser especialmente doloroso porque tus más apreciados valores han sido afectados.

Posible solución

Si eres religioso, puede ser útil que leas las Escrituras o que hables con líderes religiosos sobre formas alternativas de pensar acerca de lo sucedido. En muchas tradiciones religiosas, el perdón es el acto sagrado que puede mejorar el sentido de conexión con Dios y con los otros.

OBSTÁCULO 6: PERSONAS QUE NO HAN PERDONADO

Es difícil estar en la Autopista del Perdón cuando todos en torno a ti viajan en la Carretera de la Hostilidad. ¿Hay personas en torno a ti que refuerzan tus sentimientos de enojo? Si es así, no es una sorpresa. La gente que se preocupa por ti puede tener sus propios resentimientos en contra de tu ex por el sufrimiento que has enfrentado y piensan que te apoyan diciendo cosas poco agradables sobre tu ex. Trabajar en el perdón también puede ser difícil si tus amigos divorciados constantemente hablan acerca de lo mucho que odian a su ex.

Posible solución

A pesar de que quejarte de tu ex es comprensible, en algún punto puede interferir con tu deseo de soltar y de seguir adelante. Si hay familia o amigos divorciados que se quejan de tu ex (o de los suyos), no tienes por qué unirte a ellos. Puedes tratar de cambiar de tema amablemente o explicarles que quieres seguir adelante porque enfocarte en las acciones hirientes de tu ex te hace sentir mal. Si los amigos y la familia son sensibles a tus necesidades, comprenderán. También trata de rodearte de personas que te apoyen en tu viaje hacia el perdón. Si no puedes encontrar el apoyo en tu actual red social, puede que necesites diversificarla o hacer nuevos amigos.

TU VIAJE DE PERDÓN

Este capítulo ha abarcado sólo algunos de los obstáculos que las personas divorciadas enfrentan cuando tratan de perdonar. Tal vez enfrentas otros obstáculos de diversa índole. Te invitamos a tomar un momento para reflexionar sobre los obstáculos que enfrentas en tu viaje de perdón junto con posibles formas de sobrepasarlos.

EJERCICIO 5.5: TUS OBSTÁCULOS DE PERDÓN

Objetivo. La finalidad de este ejercicio es reflexionar sobre tus obstáculos personales en el camino del perdón y posibles formas de sortearlos.

Instrucciones. Tómate un momento para pensar acerca de los obstáculos que hacen que perdonar a tu ex (o a cualquiera relacionado con tu divorcio) sea especialmente difícil. Enlístalos en la columna de la izquierda. Más tarde trata de encontrar dos estrategias para hacer frente a ellos.

OBSTÁCULOS	PLANES PARA SORTEARLOS
Ejemplo: Cada vez que encuentro a mi ex, pienso en lo que me hizo.	1. Recordarme que mantener rencor me lastima más a mí que a mi ex. 2. Leer una historia inspiradora sobre una persona que perdonó a pesar de la gravedad de las ofensas.
	1. 2.
	1. 2.
	1. 2.

Si sientes desesperanza, piensa en aquellas ocasiones en tu vida en las que has alcanzado una meta importante a pesar de las adversidades. Recuerda que su presencia no significa que no puedas lograr tu objetivo. Sólo significa que tienes que ser consciente de cómo enfrentarlos cuando surjan.

¿Tuviste problemas para generar ideas sobre cómo sortear los obstáculos? Es frecuente que este tipo de dificultades puedan ser superadas simplemente al tomar una perspectiva diferente, pero a veces necesitas actuar. Pídele a alguien de tu confianza y que comprenda tus circunstancias que te ayude con ideas sobre cómo trabajar con las situaciones que enfrentas.

Todos sorteamos obstáculos en el viaje del perdón. Puedes encontrar algunos nuevos e inesperados de vez en cuando. Trata de no permitir que estos desafíos te desalienten o te desvíen de tu camino. En lugar de ello, úsalos como oportunidades para incrementar tu determinación de abandonar las emociones dolorosas en el pasado, de modo que tu presente y tu futuro puedan estar llenos de nuevas y excitantes posibilidades. Recuerda que el perdón es un proceso que normalmente lleva su tiempo. Sin importar si tu viaje de perdón dura unos pocos meses o muchos años, es importante seguir adelante en la dirección correcta. Por favor, sé amable y amoroso contigo cuando enfrentes las subidas y bajadas. Tómate un momento de cuando en cuando para apreciar el hecho de que, a pesar de todo lo que has vivido, elegiste emprender valientemente el camino del perdón. Recuérdate a ti mismo esas formas positivas en las que tu decisión de perdonar puede ayudarte a ti y a los que amas.

¿QUÉ SIGUE?

Te invitamos a volver a este capítulo periódicamente conforme avances en tu camino para perdonar a tu ex y a cualquiera que te haya lastimado. Ten presente que hay otra persona a la que puede que quieras perdonar tras el divorcio: tú mismo. El capítulo 6 abordará el tema del autoperdón.

CAPÍTULO 6

"¿Cómo lo arruiné?"

SOLTAR LA CULPA Y LA VERGÜENZA

Los errores son inevitables en el ser humano y, en el contexto del divorcio, pueden dar la impresión de ser mayores. Como imperfectos seres humanos, todos nos hemos equivocado y es inevitable que lo hagamos en el futuro. Cometer errores no es el problema real; lo que es crucial es cómo piensas sobre ellos y qué haces a continuación.

Hay muchas formas de manejar los fallos. Por ejemplo, puedes paralizarte por la culpa o —del otro lado del espectro— culpar a otros por tus tropezones. De forma alternativa, puedes tratar de ver cómo contribuyes a los desastres de tu vida y tomar la debida responsabilidad por ese papel. La forma como manejas internamente tus propios errores da forma a cómo respondes a nivel de comportamiento: ¿tiendes a cometer los mismos errores una y otra vez?, ¿te sientes atrapado?, ¿puedes usar tus metidas de pata para crecer y cambiar?, ¿eres capaz de ser compasivo contigo y perdonarte?

Te queremos presentar a Cara, quien, como todos nosotros, de cuando en cuando ha echado a perder las cosas.

EL CASO DE CARA

Cara acaba de recibir la noticia de que su proceso de divorcio llegó a su fin. Su mejor amiga le sugiere que vayan a cenar para celebrar, pero Cara no se siente con ánimos de festejar. A pesar de que cree que el divorcio era lo mejor para ella y para su exesposo, Gary, no puede sacudirse la culpa y la vergüenza por las cosas que hizo que contribuyeron al rompimiento. Cuando Cara se dio cuenta por vez primera de las grietas que comenzaban a mostrarse en su relación, pidió repetidamente a Gary que fueran a terapia. Él se negó, diciéndole que ella era la única que necesitaba ayuda y no él. También le dijo que estaba muy ocupado en el trabajo y que no podía tomarse el tiempo libre. Cara nunca había ido a terapia y estaba asustada. No podía reunir el valor de ir sola, aunque sabía en el fondo que necesitaba asistencia profesional para ayudarla con su cada vez más intenso problema con la bebida y con su tambaleante relación.

Aunque ya llevaba seis meses sobria, el fin del matrimonio de Cara es una nebulosa serie de eventos coloreados por el abuso del alcohol. Desde los 16 años Cara estuvo en borracheras y su forma de tomar se volvió incontrolable en los últimos dos años, lo que coincidió con el rompimiento de su matrimonio. Mientras Cara bebía, Gary encontró en el trabajo su propia adicción. Pasaba cerca de 70 horas a la semana en la oficina, lo que le ayudaba a ascender por la escalera corporativa. Así, en tanto que la atención de Gary estaba en otro lado, Cara invertía su tiempo en una serie de relaciones cargadas de alcohol con hombres que conocía en línea y en bares. Cara, quien es normalmente tímida e inhibida, encontró que podría ser una persona diferente cuando bebía: divertida, fiestera y sexy. Descubrió que su buen amigo, "el trago", le daba el valor de conectarse con otras personas.

En ese tiempo, Cara racionalizaba que a Gary no le importaba lo que ella hiciera y sus mentiras llegaron rápido y fácil. Todo esto se derrumbó cuando fue arrestada por manejar en estado de ebriedad una noche, al volver de una de sus "citas". Gary estaba fuera de la ciudad por negocios, así que Cara tuvo que llamar a su padre para que pagara la fianza. A pesar de que Cara nunca había tenido antes problemas con la ley, perdió su trabajo como enfermera itinerante cuando le suspendieron su licencia de conducir.

Cara decepcionó a muchas personas (incluida ella misma) y puso la seguridad de otros en riesgo. La vergüenza y la culpa que siente la están desgarrando. A pesar de que ha comenzado a sanar su relación con sus padres, Cara no puede superar la vergüenza que siente por todo el daño causado. No puede creer que ella sea "ese tipo de persona".

Dependiendo de tu perspectiva, la situación de Cara puede ser o no extrema, pero todos nosotros hemos cometido actos por los que necesitamos perdonarnos a nosotros mimos. De forma interesante, en nuestro trabajo con pacientes que están atravesando un divorcio, las personas señalan frecuentemente que pueden perdonar más fácil a otros de lo que pueden perdonarse a sí mismos. Como se señaló en el capítulo 3, mucha gente tiene la tendencia de ser dura consigo misma, y esto proviene de los mensajes de la sociedad, así como de lo que tus padres y otros miembros de tu familia modelaron en ti al crecer. Como Cara, puede que estés pasando un tiempo duro con la vergüenza o sentimientos de culpa en torno a tu divorcio. Pero, como Cara, no perdonarte a ti mismo te mantiene atorado, enfrentando las mismas emociones negativas una y otra vez.

ENFOQUE DEL CAPÍTULO

Este capítulo echa un vistazo a lo que es el autoperdón y cuán benéfico puede ser en tu proceso de divorcio. Si estás convencido de que quieres dejar ir la vergüenza, la culpa y otras emociones negativas, te guiaremos a través de algunos pasos que puedes dar para trabajar en el perdón de ti mismo.

¿QUÉ ES EL PERDÓN DE UNO MISMO?

El perdón de uno mismo es diferente de ser blando contigo por tus errores. Se puede definir como "la voluntad de abandonar el resentimiento delante de un error propio objetivamente reconocido, ofreciéndote compasión, generosidad y amor" (Enright, 1996: 115). La filósofa Margaret Holmgren (1998) establece que el perdón de uno mismo implica tres amplios elementos: una falla objetiva, la superación de las emociones negativas asociadas a esa falla y una eventual autoaceptación.

Es lógico que tengas que darte cuenta de que hiciste algo mal antes de que te puedas perdonar, ¿cierto? A veces puede ser que no te des cuenta de que lastimaste a alguien hasta que te lo hacen ver. En el otro extremo, tal vez tengas un iracundo crítico interior que sea rápido para presentarte escenarios en los que tú pudiste haber herido a otros. Por ello, la definición de Enright y Holmgren incluye el término *objetiva* para describir la falla, ya que el proceso del autoperdón implicar ver claramente lo que hiciste para lastimar a otros.

Otra parte del proceso es justamente lidiar con las emociones negativas que surgen como resultado de tus acciones hirientes. El sufrimiento ocurre cuando resistes activamente el dolor. No hay duda de que duele como el demonio enfrentar el hecho de que pudiste haberle mentido a tu ex respecto a tus finanzas, haber sido infiel, poner a los niños en medio de las discusiones, ser emocionalmente distante…, cualquiera que haya sido la transgresión. Pero, como te has dado cuenta, correr o esconderte de la culpa, del odio a ti mismo o del miedo realmente no ayuda a la larga. No hay vuelta atrás en estas emociones: tienes que pasar por ellas.

Toma el caso de Cara. Cara está hundida en un pantano de culpa y vergüenza; como resultado, está pasando un periodo en el que se le dificulta encontrar la energía para buscar activamente un trabajo en su campo. A pesar de que está trabajando en un empleo temporal, es una enfermera talentosa y compasiva. Pero, para que Cara encuentre trabajo en el área de salud, tendrá que explicarles a sus potenciales empleadores por qué perdió su puesto previo y cuánto está trabajando en su recuperación. Aunque haga eso, sus esfuerzos pueden no ser fructíferos; puede ser que no encuentre una organización que desee contratarla a estas alturas. No desea correr el riesgo de seguir adelante.

Seguir adelante puede ser difícil: es riesgoso y lleno de incertidumbre. A veces quedarte donde estás puede ser más fácil. ¿Te sientes atorado emocionalmente? Por más doloroso que pueda ser, puedes estar atorado porque encuentras un beneficio en ello.

Cuando hemos insinuado a nuestros pacientes que estar atorados puede funcionarles a algún nivel, normalmente se muestran incrédulos ("¿Piensas que me gusta sentirme así? ¿Estás diciendo que elegí esto?"). No estamos diciendo que la gente goce de su miseria, pero hay razones por las que las personas no siguen adelante. ¿Qué hay de ti? ¿Qué tanto quieres avanzar en medio de tus difíciles emociones para reconciliarte con ellas y aceptarte como eres, con tu situación actual? ¿Para qué te sirve estar atorado? El siguiente ejercicio explora esto.

EJERCICIO 6.1: CULTIVAR EL DESEO DE SEGUIR ADELANTE

Objetivo. La meta de este ejercicio es ayudarte a cultivar un auténtico deseo de seguir adelante emocionalmente, mientras lidias con tu divorcio.

Instrucciones. Tómate un momento para evaluar el nivel en el que, como resultado de tu divorcio, te sientes atorado en tu capacidad de seguir adelante emocionalmente. Para ayudarte a procesar esta cuestión, puedes escribir en tu diario, hablar con alguien de confianza o simplemente tomarte un tiempo para reflexionar. Responde las preguntas que siguen con base en tu evaluación.

Ten presente. Este ejercicio no es sencillo. De hecho, no esperamos que sea pan co-

mido. Por eso, completa este ejercicio con tanta autocompasión como te sea posible.
¡Sé amable contigo mismo al hacer este trabajo!

Preguntas. Evalúa qué tan atorado te sientes en una escala del 1 al 10, donde 1 significa que estás listo para moverte fácilmente a través de las difíciles emociones en torno a tu divorcio, y 10, que eres totalmente incapaz de seguir adelante: ___________

Escribe las emociones que experimentas que probablemente te tengan estancado. Por ejemplo, el miedo evita que las personas sigan adelante o la ira evita el crecimiento.

____

____

¿Encuentras algún beneficio al estar atorado? Esto puede ser difícil de responder al principio, pero tómate unos momentos para ver si encuentras algo. (Te puede ayudar recordar cómo beneficiaba a Cara seguir atorada).

____

____

¿Qué arriesgarías si te "desatoras" y sanas emocionalmente?

____

____

Basado en este análisis, ¿qué tantas ganas tienes de seguir adelante? ¿Estás listo para soltar aquello que te proporciona el seguir atorado?

____

____

PSEUDOPERDÓN CONTRA AUTÉNTICO PERDÓN DE UNO MISMO

A veces las personas arguyen que se han perdonado a sí mismas, cuando, en realidad, nunca se han hecho responsables de sus acciones en primer lugar. En lugar de ello, racionalizan su comportamiento e inventan excusas. Esto no es auténtico perdón de sí mismos, sino lo que los psicólogos llaman *pseudoautoperdón*.

El auténtico perdón de uno mismo implica un esfuerzo sostenido de trabajar tanto con tus sentimientos como con tus experiencias de remordimiento y de aceptar la responsabilidad de tu papel en los errores (Fisher y Exlin, 2010; Hall y Fincham, 2005). Una cosa es reconocer que has metido un poco la pata; otra es tomar responsabilidad por ello. Si no te confiesas en realidad tu papel en el daño causado, puedes terminar por racionalizar tu comportamiento o excusarte por él (Holgrem, 2002), lo que puede llevarte a actitudes problemáticas similares en el futuro. Sentarte y estar con tus sentimientos de culpa, pesar y otras emociones dolorosas fruto de la transgresión es también parte del proceso auténtico del autoperdón. Todo esto requiere tiempo y esfuerzo. Dados los posibles beneficios, pensamos que vale la pena. Júzgalo por ti mismo.

POSIBLES BENEFICIOS DEL AUTOPERDÓN

La investigación sugiere que aquellos que se perdonan a sí mismos tienen menores niveles de ansiedad, depresión y culpa, así como mayores niveles de bienestar y satisfacción en la vida (Macaskill, 2012; Maltby, Macaskill y Day, 2001; Mauger *et al.*, 1992; Ross *et al.*, 2004; Thompson *et al.*, 2005). Scherer *et al.* (2011) encontraron que, en los participantes asignados a una intervención de cuatro horas de autoperdón, los sentimientos de culpa y vergüenza por sus transgresiones habían disminuido, comparados con aquellos que habían completado otros tratamientos.

Entre los primeros investigadores en ver el autoperdón bajo la óptica científica están Paul Mauger y sus colegas, quienes teorizaron que las personas que no se perdonaban a sí mismas presentaban un estilo de autocastigo o castigo autoinducido (Mauger *et al.*, 1992); es decir, se ven a sí mismas como avergonzadas, dañinas y no dignas de aceptación, por lo que son rápidas para internalizar la culpa. Entonces, es fácil ver que con esta disposición son más propensos a experimentar preocupación y depresión. Ésta es sólo otra forma de pensar en ese crítico interior del que ya hemos hablado. En la otra cara de la moneda, aquellos que son compasivos y amables consigo mismos tienden a estar más satisfechos con su vida, así como menos deprimidos y ansiosos.

¿Estás listo para trabajar en el autoperdón? Si es así, te invitamos a que te comprometas totalmente con los siguientes ejercicios en este capítulo. Este trabajo no siempre es sencillo o cómodo, pero las recompensas pueden ser fantásticas. Como señaló Publio Siro, el esclavo que vivía en Roma en el siglo I, "el mayor placer proviene de superar las dificultades", y, cuando trabajas con el autoperdón, una de las dificultades comunes es lidiar con la culpa.

VENCER LAS BARRERAS PARA EL AUTOPERDÓN

Cuando los psicólogos señalan las barreras del auto-perdón, el sentimiento de vergüenza es una de las mayores (Fisher y Exline, 2010; Tangney y Dearing, 2002). A pesar de que se usan como sinónimos, la culpa y la vergüenza son diferentes. La vergüenza es una emoción que implica condena de todo el ser y sentirse pequeño, débil, expuesto y no digno. Con la vergüenza, la gente se enfoca en sí misma y se aísla de los demás. La culpa es diferente. A pesar de que es también una emoción difícil, la culpa puede motivar a la gente a corregir su mal comportamiento en lugar de seguir enfocada en su falta de valor propio y en su miseria. Como señalan Fisher y Exline: "Si uno se siente culpable por una acción específica, puede aliviar la culpa a través de la reparación y la corrección; pero, si uno se siente avergonzado, es difícil esconder un sentimiento global de sentirse una mala persona" (2010: 551).

El proceso de autoperdón requiere diligencia. Necesitas saber que eres valioso de este trabajo y esfuerzo. Mereces la paz que proviene de perdonarte a ti mismo. Si no crees verdaderamente en esto, el autoperdón será esquivo. Los frutos del autoperdón son la autoaceptación y la buena voluntad hacia una reconciliación contigo mismo. Si no te sientes digno de estos resultados, entonces trabajar por conseguirlos no será muy productivo.

Cuando hiciste el ejercicio 3.5, consideraste que eres más que tu comportamiento. Cometer errores no te hace una mala persona. Para superar la vergüenza como un obstáculo del autoperdón, entrena el músculo de la autocompasión. Piensa en lo que tu otro yo compasivo diría sobre tus fallos y practica la amabilidad, mientras trabajas a través de este proceso. De igual forma, es necesario un poco de humildad durante el camino. La humildad es más que ser modesto o apocado: es la capacidad de reconocer tanto tus fortalezas como tus debilidades de forma adecuada, sin estar a la defensiva (Exline *et al.*, 2004). ¿No te recuerda eso a la claridad que proviene del *mindfulness*? Si has completado los ejercicios de los capítulos previos y tienes verdaderamente la voluntad de seguir adelante, cuentas con buenas bases para el duro pero gratificante trabajo del autoperdón.

PASOS PARA EL AUTOPERDÓN

Esta sección subraya los pasos que puedes tomar para trabajar en el autoperdón, pero no es una receta paso a paso que pueda seguirse como para hacer un betún (o galletas de chispas). Algunas partes del proceso se traslapan y puede que tengas que regresar a algunos de estos pasos una y otra vez conforme trabajas en el autoperdón en diferentes áreas de tu vida.

Este proceso hacia el autoperdón se explica en los trabajos colectivos de Robert Enright (1996), Everett Worthtington, Jr. (2013), Paul Mauger *et al.* (1992), Mickie Fisher y Julie Exline (2006, 2010), y Margaret Holmgren (1998, 2002), así como en los principios de las tradiciones de los 12 pasos. Son como sigue: reconocer una transgresión interpersonal objetiva; tomar responsabilidad por tu parte en la comisión de la ofensa; observar y procesar las emociones negativas detonadas por esa acción; pensar acerca de la ofensa desde una perspectiva más amplia; hacer las correcciones necesarias; dar sentido y seguir adelante.

PASO 1: RECONOCER UNA TRANSGRESIÓN INTERPERSONAL OBJETIVA

Piensa en algo que hiciste o dijiste durante tu matrimonio o divorcio que haya sido hiriente. Nos damos cuenta de que te estamos pidiendo que desentierres algo doloroso que probablemente preferirías no recordar. Desearíamos que hubiera una forma más fácil, pero para lograr un auténtico autoperdón tienes que reconocer tus errores. Trata de identificar una ofensa específica por la que te sientas culpable o avergonzado o ambos, y que te hace estar mal. Es importante que te enfoques en algo que haya sido doloroso para alguien. En otras palabras, no debe ser algo producto de tu imaginación o tu voz crítica interior exagerada. En lugar de ello, se trata de palabras o acciones que vistas desde fuera y objetivamente se reconozcan como dolorosas. Por ejemplo, Cara podría enfocarse en sus infidelidades o en su arresto por conducir en estado de ebriedad. Estos comportamientos hirieron a Gary, a sus padres, a sus empleadores, a sus pacientes y a ella misma, y pusieron la vida de otros en riesgo —cualquier observador externo podría verlo fácilmente—. Usa el siguiente ejercicio para identificar una ofensa interpersonal en la que te enfocarás por el resto del capítulo.

EJERCICIO 6.2: IDENTIFICAR TUS ERRORES HIRIENTES

Objetivo. El propósito de este ejercicio es identificar una ofensa interpersonal relacionada con tu divorcio por la que te gustaría perdonarte, que servirá como punto primario de enfoque para trabajar en otros ejercicios a lo largo de este capítulo.

Instrucciones. Tómate un momento para pensar y escribir tan objetivamente como te sea posible acerca de una ofensa interpersonal con la que trabajarás durante este capítulo.

Ten presente. La humildad será de gran ayuda al hacer este ejercicio. No permitas la tendencia de tu crítico interior a exagerar, pero tampoco dulcificar los eventos. Esto puede ser duro, pero una buena dosis de autocompasión ayudará para que este ejercicio transcurra más suavemente.

Descripción. Anota la ofensa.

____

____

Reflexión. ¿Cómo fue reconocer esas acciones hirientes? Volverás a estos sentimientos en los ejercicios subsecuentes.

____

____

____

¡Terminaste! Has dado el primer paso. Ahora es momento de examinar tu papel en la experiencia hiriente para la otra persona.

PASO 2: ASUMIR LA RESPONSABILIDAD

Al buscar el autoperdón de tus acciones, ten presentes las diferencias entre el perdón auténtico y el pseudoautoperdón. ¿Te acuerdas? Básicamente se trata de asumir tu responsabilidad en los eventos dolorosos. Pero eso no significa que aceptes toda la responsabilidad por lo sucedido; tú aceptas sólo la parte que te corresponde.

Una vez más, es útil revisar el caso de Cara. Para hacerse cargo de su arresto, Cara debe aceptar el hecho de que eligió beber y luego se puso detrás del volante de su auto. Ella estaba sola tomando esa decisión. Inmediatamente después del evento, Cara acusó a su amigo, que supuestamente era el conductor designado, pero ella ha comenzado a practicar el *mindfulness* y la humildad, y ahora es capaz de ver su papel en esta situación. Aunque reconoce el hecho de que sus acciones hirieron a sus padres, ella no se hace cargo de la responsabilidad de que su padre se sintiera públicamente humillado por haber tenido que pagar su fianza para sacarla de la cárcel. Desde el incidente, él sigue sacando el tema y no lo suelta. Esto tiene más que ver con su padre y sobre cómo él es capaz de enfrentar estos acontecimientos con Cara. Cara está practicando la humildad a través de su intención de ver claramente en qué es responsable ella y en qué no lo es.

El siguiente ejercicio te invita a observar tu papel en la situación descrita en el ejercicio 6.2.

EJERCICIO 6.3: ASUMIR LA RESPONSABILIDAD

Objetivo. La finalidad de este ejercicio es asumir la responsabilidad por el daño causado.

Instrucciones. Regresa al ejercicio 6.2 y lee la descripción de lo que hiciste que causó dolor en la otra persona durante tu matrimonio o tu proceso de divorcio. El resto del ejercicio se referirá a ese hecho. Para asegurarte de que no disminuyes tu responsabilidad ni la aumentas, considera discutir este ejercicio con tu terapeuta o alguien que pueda darte una retroalimentación honesta. Recuerda ser amable contigo mismo: todos cometemos errores.

Preguntas. De la mejor forma que puedas, describe el dolor que experimentó la persona que fue afectada por tus acciones.

____

____

Ahora piensa en tu papel al causar ese dolor. ¿Qué aspectos del dolor de esa persona fueron resultado directo de lo que tú hiciste?

____

____

¿Qué aspectos del dolor de esa persona puede que estén menos conectados con tus acciones?

____

____

____

Reflexión. Ahora que has aclarado tu responsabilidad en esta situación, escribe algunas palabras que describan tu estado emocional. Regresarás a estos sentimientos en un ejercicio subsecuente.

¿Qué tipo de palabras usaste para describir tu estado emocional? Si la mayoría de ellas son negativas o difíciles, estás en buena compañía. Al hacer este ejercicio, normalmente la gente describe estados emocionales difíciles. El siguiente ejercicio te brinda un marco que te ayudará a moverte a través de estos sentimientos.

PASO 3: OBSERVAR Y PROCESAR LAS EMOCIONES NEGATIVAS

Una parte importante del proceso de autoperdón es permitirte reconocer y asentar las emociones negativas que ocurren como resultado de la toma de responsabilidad de tus acciones. En el capítulo 3, nos referimos a la comúnmente citada ecuación dolor x resistencia = sufrimiento. Esta expresión sugiere que cuanto más deseas escapar, evitar o luchar con emociones dolorosas, es más probable que termines sufriendo. El sufrimiento generalmente surge cuando estás en una situación dolorosa e inviertes mucha de tu energía comparando la dureza de la realidad con un ideal. No sólo experimentas tu dolor, sino que le añades miseria al decirte que las cosas deberían ser mejores. El psicólogo Albert Ellis llamó a este tipo de pensamiento *"should-ing on your self"* ("debo..."). Trata de no imponerte "deberías" ni a ti ni a los demás.

Piensa en lo que has aprendido acerca de las emociones dolorosas hasta ahora en este libro: son parte inevitable de la vida, no duran por siempre y, cuando las tocas con tu consciencia, su poder disminuye. Entonces, ¿qué puedes hacer para procesar estas difíciles emociones sin hundirte en ellas o sin evitarlas?

EJERCICIO 6.4: ARMAR TUS EMOCIONES DIFÍCILES

Objetivo. La meta de este ejercicio es ayudarte a reconocer y procesar las difíciles emociones conforme trabajas en el autoperdón.

Instrucciones. Vuelve a las secciones de reflexión de los ejercicios 6.2 y 6.3, y nota las emociones negativas que mencionaste. Responde las siguientes preguntas acerca de tu experiencia con esos sentimientos.

Ten presente. Recuérdate a ti mismo que es una parte necesaria del proceso. No estás solo con esos sentimientos. Todo el que hace este trabajo presenta sentimientos de culpa, tristeza, y se vuelve rehén de otras dolorosas emociones en el proceso. Trata de no desalentarte, ¡y aguanta!

Preguntas. Cuando experimentas estos sentimientos, ¿cuál es tu típica respuesta? Por ejemplo, ¿los reconoces y te quedas con ellos, te distraes, te castigas por tenerlos o haces algo más?

Si usualmente puedes quedarte con esos sentimientos sin juzgarlos o sin alejarlos, ¡sigue adelante! Estás en buen camino para procesar emociones difíciles y logar el autoperdón. Si es más común que los evites, prueba con las siguientes sugerencias. Desarrollamos el acrónimo **ARMAR** para ayudarte con esos sentimientos.

A: Abre tu consciencia a las emociones difíciles que provienen de asumir la responsabilidad por tus acciones. Trata de no evitarlas.

R: ¿Dónde Reside la emoción? Por ejemplo, ¿se manifiesta en alguna parte de tu cuerpo?

M: Menciona el sentimiento: ¿es tristeza, miedo, enojo, culpa, remordimiento o algo más?

A: Acoge el sentimiento, aunque pueda ser difícil. Dale la bienvenida como a un visitante que no se quedará mucho rato. Consuélate reconociendo que esto pasará.

R: Resiste la tentación de evaluar tu experiencia como buena o mala. De forma autocompasiva y libre de juicios, simplemente permite que la experiencia sea.

La próxima vez que surja una emoción negativa en torno a una ofensa, debes **ARMAR**. Usa estas estrategias para procesar y reconocer tus sentimientos.

Reflexión. Después de haber intentado esto, reflexiona sobre alguna ocasión en el pasado en donde hayas usado las estrategias de **ARMAR**. Escribe sobre esta experiencia aquí.

Ahora que has tomado un tiempo para procesar estos difíciles sentimientos, te ayudará ponerlos en contexto.

PASO 4: PONER LO SUCEDIDO EN UNA PERSPECTIVA MÁS AMPLIA

El auténtico autoperdón supone la comprensión de que "cada persona es parte de una comunidad de otros seres imperfectos que en su mayoría intentan ser las mejores personas que pueden" (Jacinto y Edwards, 2011: 429). Eso no quiere decir que ser parte de la imperfecta raza humana automáticamente excuse nuestros errores. Más bien, si sometes tus acciones a una perspectiva más amplia, es más probable que corrijas y conectes con otros, además de que es menos probable que te aísles y te escondas en la vergüenza. Parte de este proceso implica comprender que todos nosotros tenemos actitudes y patrones de comportamiento que nos pueden llevar a herir a otros tanto accidental como intencionalmente. Mientras que tales defectos pudieron haber funcionado en el pasado para cubrir tus necesidades, se pueden tornar en patrones disfuncionales si no eres consciente de ellos. (Esta perspectiva te puede resultar familiar si de alguna manera estás involucrado en programas de 12 pasos, como Alcohólicos Anónimos).

El auténtico autoperdón conlleva a identificar patrones de comportamiento que te han metido en problemas para que no los repitas en el futuro. Margaret Holmgren subraya que la gente "no debe autoperdonarse y olvidar" (1998: 78). No olvidar no significa mantener un rencor contra ti mismo por haber herido a alguien. Significa que trabajas hacia el cambio, ya que necesitas ser consciente de tu tendencia a embarcarte en estos comportamientos y actitudes problemáticas para que no sigas dañando a otros.

Cara, por ejemplo, es sumamente independiente y detesta pedir ayuda. Esa cualidad le ayudó a su crecimiento, pero, cuando necesitó ayuda para dejar de beber, no se lo permitía. Su resistencia a buscar ayuda fue uno de los factores que la llevaron a la infracción de conducir bajo los efectos del alcohol. Otro patrón de comportamiento que la metió en problemas fue su búsqueda de atención. Cara validaba su valor propio a través de la atención que recibía de otros, en especial de los hombres. A pesar de que esto parecía funcionar para ella cuando era más joven, este comportamiento evitó que obtuviera los resultados que quería y eventualmente le salió el tiro por la culata. ¿Qué hay de ti? ¿Qué actitudes y patrones de comportamiento contribuyeron a la transgresión de la que buscas autoperdón?

EJERCICIO 6.5: IDENTIFICAR Y DEJAR IR LAS ACTITUDES NEGATIVAS Y LOS PATRONES DE COMPORTAMIENTO

Objetivo. La finalidad de este ejercicio es ayudarte a identificar las actitudes y los patrones de comportamiento que contribuyeron a herir a otros.

Instrucciones. Piensa en qué actitudes o patrones de comportamiento contribuyeron a tus acciones hirientes. El miedo al cambio, el perfeccionismo, una tendencia a enfocarte demasiado en tus propias necesidades, una necesidad de controlar gente o circunstancias, deshonestidad... son sólo algunos ejemplos de actitudes y patrones de comportamiento potencialmente hirientes.

Ten presente. Como siempre, recuerda las habilidades de autocompasión al hacer este trabajo.

Preguntas. Menciona la actitud o patrón de comportamiento que contribuyó a tus acciones. Si puedes pensar en más de uno, menciónalos aquí.

Ejemplo 1: Tiendo a ser complaciente.

Ejemplo 2: Frecuentemente me ocupo de las necesidades de otros y descuido las mías.

____

____

____

¿Cuándo y cómo estas actitudes o patrones de comportamiento han sido benéficos para ti?

____

____

¿Cuándo has lastimado a otros?

____

____

____

¿Conoces a otros que muestren este mismo patrón? ¿Cómo te han afectado sus comportamientos o actitudes?

____

____

____

Reflexión. ¿Cómo puedes beneficiarte al soltar este patrón negativo? ¿Cómo puede beneficiar a otros?

____

____

____

Al identificar y comprometerte para cambiar tus defectos, estás demostrando respeto por ti mismo y por la persona a la que has herido en el contexto de tu divorcio. Estás sentando las bases para un crecimiento real y duradero. Esto da paso para hacer las correcciones que se abordarán en el siguiente apartado.

PASO 5: HACER LAS CORRECCIONES

Una de las distinciones entre pseudoautoperdón y auténtico autoperdón es cuánto esfuerzo pones en ello (Fisher y Exline, 2006). Es en este paso, hacer las correcciones, donde puedes ver realmente la diferencia. Ya has hecho un importante trabajo en ti. Has tomado la responsabilidad por tus acciones, has visto los sentimientos que emergen como resultado, has dado una amplia mirada a los patrones de comportamiento que han contribuido a tus errores. Esperamos que este trabajo te haya ayudado a cambiar tu corazón y tu mente respecto de tu error. Ahora te vamos a pedir que hagas algo de trabajo interpersonal: aquí es donde pasas del dicho al hecho.

Hacer correcciones puede conllevar a una restitución para la persona (o personas) a las que has herido. A través de estas acciones, eres capaz de llevar a un cierre el episodio y a demostrar que has hecho todo lo posible por reparar el daño. Esto facilita el autoperdón y tiene el potencial de sanar no sólo tu corazón, sino también las relaciones dañadas. En la tradición de los 12 pasos, se recomienda ampliamente hacer correcciones, a menos de que al hacerlo se cause un daño mayor que el potencial bien obtenido. Esto puede tomar la forma de una disculpa, algún tipo de restitución o algo más que involucre directamente a la persona a la que has herido. Pero, si decides hacer correcciones directas, ten cuidado con las expectativas que podrías tener. Puede que no sepas cómo será recibido tu intento de corregir las cosas, así que no tener expectativas sobre el resultado es importante.

A veces no es posible hacer correcciones directamente. Por ejemplo, quizá ya no estés en contacto con la persona implicada, o acercarte a ella (o ellas) puede ser inapropiado o empeorar las cosas. Bajo esas condiciones, puedes hacer una diferencia positiva al corregir tu comportamiento para disminuir la tendencia a que cometas el mismo error en el futuro.

Por ejemplo, Cara sentía mucha culpa sobre la doble vida que vivía en línea y en los bares al final de su matrimonio. A pesar de que trató de disculparse directamente con Gary (él sólo le habla a través de su abogado) y ya no es infiel con su pareja romántica, sintió la necesidad de hacer algo más para facilitar su autoperdón y tratar de corregir su error. Como resultado, Cara decidió trabajar como voluntaria en una agencia que atiende a personas con discapacidad. El hermano de Gary, a quien Gary quería profundamente, tenía una discapacidad y murió poco después del matrimonio de Cara con Gary. Cara siente que ésta es una forma indirecta de restitución hacia Gary.

Si estás considerando hacer una corrección indirecta, necesitas asegurarte de que no estás esquivando la corrección directa por miedo o por vergüenza. Si una disculpa directa o el ofrecimiento de alguna forma de restitución no causará daños mayores, crecerás más si lo haces así que si lo haces de forma indirecta. Necesitas juzgar por ti mismo qué será mejor para ti en el camino del autoperdón. El siguiente ejercicio te ayudará a explorar este paso del proceso.

EJERCICIO 6.6: HACER CORRECCIONES

Objetivo. La finalidad de este ejercicio es ayudarte a identificar comportamientos de arrepentimiento que te facilitarán el autoperdón.

Instrucciones. Recurre a tu creatividad para este ejercicio. Piensa de forma original para identificar algo que puedas hacer para corregir lo hecho. Lo que elijas dependerá de las circunstancias de tu ofensa.

Ten presente. Al pensar en formas de corregir tu error, sé razonable contigo. Si sientes vergüenza o gran culpa, estás haciendo demasiado para compensar el error. Tal vez te ayude discutir tus ideas con alguien de tu confianza.

Preguntas. Para el comportamiento hiriente que has identificado con anterioridad, ¿una disculpa directa es posible o adecuada? ¿Por qué sí? ¿Por qué no?

Si es posible, ¿cuáles serían los beneficios de una disculpa directa comparados con los costos de no disculparte así?

Si una disculpa directa no es apropiada, ¿qué puedes hacer para corregir? ¿Cómo puedes hacer una restitución indirecta?

Describe tu plan de corrección (con o sin disculpa directa). Luego, actúa en consecuencia.

Reflexión. ¿Cuál fue el resultado de tu intento de corregir las cosas? ¿Cómo te sientes sobre el progreso que has hecho hacia el autoperdón?

¡Felicidades! Has hecho un gran trabajo. Estás en el camino correcto para desarrollar una orientación al autoperdón y eso te servirá en el futuro.

PASO 6: DARLE SENTIDO Y SEGUIR ADELANTE

Avanzar en el proceso del autoperdón pone una nueva luz en las heridas que has causado a otros y en sus consecuencias. Este capítulo terminará de la misma forma que comenzó, recordándote que ocasionalmente todos hacemos cosas, con o sin intención, que lastiman a otros. La cosa importante es cómo lo manejas con aquellos a quienes hieres, así como en tu mente y tu corazón. En las lecciones que aprendes y en el significado que les das desde el dolor que tú y otros experimentan, pueden estar las bases para un crecimiento personal significativo, si es que deseas trabajar en perspectiva.

¿QUÉ SIGUE?

¿Cómo puedes darle significado a tu sufrimiento? En el siguiente capítulo discutiremos cómo las historias que te dices a ti mismo sobre los altibajos de tu vida tienen la capacidad de empeorar o aliviar el inevitable sufrimiento que es parte de la experiencia humana. Brindamos estrategias para ayudarte a encontrar significado en las cimas y en los valles asociados con tu divorcio, lo que te ayudará a alcanzar la paz mental y la felicidad duradera.

CAPÍTULO 7

"¿Cómo le doy sentido a esto?"
ENCONTRAR SIGNIFICADO

Tras un divorcio, tus expectativas sobre la vida se ponen en tela de juicio y puedes pensar: "¿Por qué yo? ¿Por qué sucedió esto? ¿Qué significa ahora mi vida?". Los seres humanos somos máquinas de dar significados. Viktor Frankl (1946), un psiquiatra y sobreviviente del Holocausto, preconizaba que la búsqueda del sentido es la motivación primaria. Todos tratamos de darle sentido a lo que nos sucede de modo que nuestras vidas tengan coherencia y predictibilidad. Encontrar el significado cuando las cosas se ponen difíciles puede ayudarte en los tiempos complejos y también puede ser un vehículo de crecimiento que te haga estar mejor después de la prueba. Esto puede ser difícil de escuchar cuando estás sufriendo, pero es cierto. ¡Vamos! Démosle un dulce significado juntos.

ENFOQUE DEL CAPÍTULO

Este capítulo proporciona evidencia de que encontrar el significado a tu divorcio puede promover el crecimiento y la adaptabilidad. También te brinda algunas estrategias para ayudarte a explorar nuevas formas de encontrar significado en tu experiencia de divorcio.

BUSCAR UN SIGNIFICADO

Sin duda la vida puede ser un desastre. A veces parece que quien sea que esté dirigiendo este espectáculo cósmico tiene un torcido sentido del humor, porque, al parecer, surgen de la nada circunstancias raras —a veces dolorosas— cuando menos te lo esperas. En ocasiones ocurren cosas que desafían cualquier explicación: a pesar de una cuidadosa planeación y de las mejores intenciones, todo sale chueco de todas formas. Es tan difícil cuando "las aguas se salen de su cauce", si ni siquiera sabías que había una inundación.

Aprender cómo dar sentido a las luchas de la vida puede ser importante para tu salud y bienestar. Encontrar significado es una forma de conectar eventos, experiencias y relaciones de modo que tengan sentido para ti, el creador individual del significado (Baumeister, 1991). Atribuir sentido es como escribir la historia de tu vida con una narrativa coherente en la que el pasado, el presente e incluso el futuro están entrelazados en modo tal que tengan un significado. A pesar de que el sentido que le asignas a los eventos de tu vida se puede ver influenciado por los mensajes que provienen de la cultura y de tu familia, en última instancia eres tú el único autor de la narrativa de tu vida.

LO QUE SIGNIFICA DAR SENTIDO

Las psicólogas Crystal Park y Susan Folkman (1997) describen que el sentido posee dos componentes diferentes. Cada persona desarrolla lo que ellas llaman *significado global*, que es una amplia visión del mundo que incluye creencias generales, objetivos y sentimientos. Este significado general se desarrolla a lo largo de la vida. Por ejemplo, tú desarrollas tus creencias sobre la justicia y la predictibilidad de la vida, los objetivos relacionados con tus relaciones y tus éxitos, así como el sentido de propósito. Cuando surge una situación estresante, también le das significado (conocido como *significado situacional*). Si el significado que le atribuyes a un evento específico es diferente del que le das a la vida en general, tratas entonces de encontrar sentido a lo ocurrido. A mayor diferencia o discrepancia entre estos dos tipos de significado, activas con mayor fuerza la maquinaria para encontrar sentido.

Por ejemplo, un componente de tu significado global es cómo comprendes el concepto de familia y las relaciones entre sus miembros. Cuando ocurre un divorcio, asignas a este evento un significado específico (o situacional). Más aún, el grado de diferencia entre lo que la familia significaba antes del divorcio y lo que significa después se relaciona con el grado de dolor que experimentes. El dolor puede ser el combustible que te motive a reducir la discrepancia entre ambos tipos de significado.

Este proceso de atribuir significado tiene componentes de pensamiento y de sentimiento, y no hay una forma correcta de dar sentido. Las personas pueden reevaluar sus significados globales, cambiar cómo ven una situación específica o hacer un poco de ambos. Otras estrategias pueden incluir cambiar tus metas y reconsiderar tu sentido de propósito (Park, 2010).

El siguiente ejercicio te ayudará a mirar más de cerca cómo has comenzado a darle sentido a la familia ahora que te has separado o divorciado. Esto puede que no sea especialmente desafiante para ti, pero nuestra experiencia al trabajar con personas que han atravesado por un divorcio sugiere que ésta es un área compleja. Aunque esto te cause un dolor especial, completar el siguiente ejercicio te puede ayudar a comprender mejor tu propio proceso para otorgarle sentido.

EJERCICIO 7.1: ENCONTRAR EL SENTIDO DE FAMILIA

Objetivo. El propósito de este ejercicio es ayudarte a comprender mejor cómo le das sentido a la familia.

Instrucciones. Este ejercicio tiene tres partes: una descripción de cómo definías la familia antes del divorcio, una descripción de cómo comprendes la familia ahora que te has divorciado y una reflexión sobre cómo llegaste a la actual definición.

Parte 1. ¿Cómo definías la familia antes del divorcio?

____

____

Parte 2. ¿Cómo defines la familia ahora?

____

____

Reflexión

¿Cómo llegaste a la definición de familia que tenías antes del divorcio? En otras palabras, ¿fuiste criado con esta idea en tu familia de origen?, ¿recibiste mensajes de los medios sobre lo que significa la familia? ¿O hay otras fuentes que contribuyeron a tu sentido de familia?

____

____

¿Cambió tu definición de familia después del divorcio? ¿Por qué sí o por qué no?

____

____

Si tu definición de familia se modificó, ¿cómo llegaste a este nuevo significado?

____

____

La familia puede definirse de muchas formas, pero lo que es importante es que tu definición tenga sentido para ti. Muchas personas son educadas con la noción convencional en la que la familia se define como una mamá, un papá y sus hijos. Otras incluyen parientes como los abuelos, tíos, tías y primos en sus definiciones de familia. Otras piensan que la familia se compone por aquellos que comparten un lazo de cercanía —un grupo de personas que son interdependientes y están comprometidas entre ellas—, a pesar de que no estén ligadas por lazos de sangre, matrimonio o adopción. Dadas las actuales tasas de divorcio, la noción de familia es menos consistente y darle sentido requiere flexibilidad emocional y cognitiva.

Llegar a un acuerdo sobre lo que es la familia es sólo una de las áreas desafiantes durante tu búsqueda de significado tras el divorcio. Puede que estés lidiando con darle sentido a las metas alteradas de tu vida o que te encuentres reevaluando el propósito de la vida. Puede que lidies con cuestiones espirituales. En las siguientes páginas te ayudaremos a enfocarte en tres áreas en las que normalmente las personas divorciadas tienen problemas para dar significado: reconceptualizar tu identidad, redefinir la relación con tu ex y explorar lecciones de vida que emanan de la odisea del divorcio. Antes de seguir adelante, queremos distinguir entre el proceso y el resultado de la búsqueda del sentido, así como ver cómo se relacionan con tus ajustes postdivorcio y con tu bienestar.

DAR SENTIDO: EL PROCESO

Los intentos para dar sentido no son siempre útiles para reducir el dolor (Park, 2010). A pesar de que no hay un programa prescrito o una planilla de anotaciones sobre cuándo debes encontrar tus significados (nos imaginamos a cinco jueces con cronómetros y mostrando tarjetitas con números del 1 al 10), es bastante claro que las cavilaciones continuas y los pensamientos intrusivos pueden causar un creciente dolor que no promueve un ajuste positivo ni un nivel de bienestar.

Cuando una situación parece desafiar cualquier explicación, las cavilaciones y los pensamientos intrusivos pueden suceder, y no hay cantidad suficiente de gimnasia mental que te ayude a acercarte a la comprensión. Es aquí donde las habilidades en las que has estado trabajando —*mindfulness* (capítulo 2) y autocompasión (capítulo 3)— pueden venir al rescate. Cuando los perturbadores *por qué* surgen, puedes acudir a la conciencia libre de juicio para tratarte con amorosa gentileza y compasión. Al hacerlo, esos pensamientos pierden poder y será menos probable que divagues y te dejes arrastrar por el río de pensamientos.

Si estás haciendo los ejercicios de este libro, ya sabes que el *mindfulness* y la autocompasión son procesos que toman tiempo. En tu práctica del *mindfulness*, es probable que notes con gentileza estos pensamientos intrusivos miles de veces. Pero cuanto más lo hagas, menos espacio tomarán en tu mente y en tu corazón. No los alejes: obsérvalos y déjalos ir. Cuanto más sueltes estos pensamientos, es más probable que llegues a un lugar de aceptación, que es una forma de encontrar sentido a cosas que desafían las explicaciones.

Finalmente, encontrar sentido es un proceso continuo que implica conectar los puntos del pasado, presente y futuro. Esto significa que lo que hoy no tiene sentido puede ser más comprensible en el camino. Es posible que todavía no hayas descubierto la pieza del rompecabezas que te dé una visión completa de la imagen. Quién sabe, tal vez esa pieza del rompecabezas es un evento o una experiencia que aún no ha sucedido. Si tienes una pregunta para la que aún no encuentras respuesta, el siguiente ejercicio puede ayudarte a dejarla ir y a cultivar la aceptación.

EJERCICIO 7.2: DEJAR IR Y TRABAJAR HACIA LA ACEPTACIÓN

Objetivo. La meta de este ejercicio es ayudarte a soltar todas las preguntas inquietantes sobre tu divorcio que a estas alturas parecen inexplicables.

Instrucciones. Enfócate en una pregunta sobre tu divorcio que parezca desafiar toda explicación, que te causa cavilaciones y pensamientos incesantes. En otras palabras, escoge una pregunta que te moleste y que no hayas podido responder.

Por ejemplo, algunas personas luchan con el tema del adulterio y se preguntan por qué su esposo fue infiel. Otras se preguntan por qué su esposo dejó de amarlas. Si has identificado la pregunta, considera tus reacciones hacia la pregunta y desarrolla el ritual que te ayude a soltarla junto con las emociones que detona.

Preguntas. Escribe aquí la pregunta inquietante.

____

Haz una lista de las emociones que surgen cuando piensas en esa pregunta.

____

____

¿Qué has hecho en el pasado cuando han surgido esas emociones?

____

____

¿Qué habilidades puedes usar para disminuir tu resistencia a estas emociones? Echa mano de las habilidades que has aprendido en los capítulos precedentes; luego, escribe un plan que te ayude a soltar y aceptar las emociones que surgen por esa pregunta. Por ejemplo, puedes considerar estrategias relacionadas con el *mindfulness*, la autocompasión o la aceptación.

Ritual. A veces es útil desarrollar un ritual o una acción simbólica que te ayude a soltar preguntas y emociones perturbadoras. Algunas personas escriben las preguntas y las rompen o queman en forma ceremoniosa. Un cliente con el que trabajamos lo abordó desde una perspectiva espiritual. Escribió las preguntas inquietantes y las metió dentro de una caja. Explicó que, al ponerlas allí, se las entregaba a Dios y confiaba en que, si la pregunta necesitaba una respuesta, ésta llegaría cuando él estuviera listo. ¿Qué ritual puedes emplear para que te ayude a soltar preguntas inexplicables?

A pesar de que el proceso de encontrar significado no siempre proporciona claridad inmediata, cuando las cosas adquieren sentido, el resultado es un sentimiento de calma y coherencia. Por ello, estamos tan motivados a buscar significado. La siguiente sección discute algunos resultados positivos que pueden ocurrir cuando se da sentido.

DAR SENTIDO: EL RESULTADO

Las personas pueden experimentar bienestar y mejoría después de encontrar el sentido de eventos difíciles o traumáticos (Park, 2010). Por ejemplo, comparado con cómo se vieron a sí mismas ante una adversidad, muchas personas se perciben a sí mismas más fuertes, más sensibles a los demás y más abiertas a aceptar ayuda (Tedeschi y Calhoun, 1996). Pueden cambiar sus prioridades de vida de formas nuevas y beneficiosas o tener un mayor aprecio por la vida y las relaciones. Otro estudio encontró que un concreto sentido de significado estaba ligado al bienestar físico después de la separación y el divorcio (Bevvino y Sharkin, 2003).

Sin embargo, no todos son iguales. El significado global narrativo de algunas personas incluye un mundo malévolo poblado por gente esperando tomar ventaja de ellos o listos para destrozar sus corazones. Para aquellos que escriben narrativas como ésta, las cosas no irán fáciles, y, si lo hacen, será una completa sorpresa. Hay evidencia preliminar de que los individuos con significados globales sombríos tienden a experimentar un ajuste menos favorecedor (Park, 2010).

Las investigaciones sobre psicología positiva en las que basamos este libro muestran que el perdón, la autocompasión, la conexión y el optimismo están asociados con el bienestar. Con base en esta evidencia, parecería que las personas que construyen

una narrativa esperanzadora caracterizada por estas cualidades positivas son más propensas a llevar vidas felices y contentas que aquellas que se enfocan en historias de
miedo y separación. La mejor parte de esto es que eres tú el único que mueve los hilos
del cuento de tu vida. Entonces, ¿qué tipo de historia quieres escribir?

ENCONTRAR UN NUEVO SIGNIFICADO TRAS EL DIVORCIO

Los teóricos sobre el curso de la vida, como la trabajadora social Elizabeth Hutchison (2005), piensan que el divorcio es una transición de vida, un evento identificable que produce un cambio en tu estatus y en tus roles. Una transición marca el
final de una vieja fase de vida y el comienzo de una nueva. Las transiciones producen
cambios en tus trayectorias de vida. Puedes pensar en una trayectoria de vida como
la dirección de un aspecto de tu vida. Por ejemplo, las personas pueden tener una
trayectoria de vida, una educacional y una profesional, que son interdependientes
y se traslapan.

Tu divorcio ha cambiado la trayectoria de vida de tu familia y probablemente ha
impactado también en otras áreas de tu vida. Estás ahora en una transición y, con
tantos cambios, hay muchas cosas a las que darles significado.

REPENSAR TU IDENTIDAD

El divorcio no sólo significa que perdiste a tu esposo de la vida diaria, sino también es
un nuevo estilo de vida y una forma de ser. Estos cambios externos provocan variaciones en tu identidad y en cómo te ves en relación con el mundo. Tales mutaciones
en la identidad son comunes luego de una gran transición de vida como el divorcio; el
grado y la naturaleza del cambio pueden depender de diversos factores. Por ejemplo,
¿iniciaste tú o fue tu pareja quien inició el divorcio?, ¿eres hombre o mujer?, ¿tienes hijos y, en su caso, dónde viven?, ¿tu divorcio significó que te mudaras de la comunidad
donde vivías de casado?, ¿tu estatus laboral cambió tras el divorcio?

Las personas que se divorcian comúnmente se enfrentan al reto de tener que hacer tareas que su esposo solía hacer. Esto puede incluir —pero no se limita nada más
a ello— cosas como la lavandería, cocinar, reparar el auto, cortar el pasto y hacerse
cargo de las finanzas. Hacerte cargo de estas cosas requiere independencia y muchas
veces valor. Una de nuestras clientas habló de cómo su esposo reparaba todo en casa
y después de la separación se enfrentó al reto de tener que arreglar ella mismas las
cosas. Cuando tuvo que pintar el buzón, dudaba de su habilidad. Luego, tuvo una
epifanía: ¿qué era lo peor que podía suceder?, ¿que la pintura fuera un asco? ¡No es la
gran cosa! Así que pintó el buzón. Como resultado, éste quedó increíble y ella se vio
motivada a correr otros riesgos. Por ello, el divorcio puede ofrecer la oportunidad de
que desarrolles nuevas habilidades y fuerzas personales.

El divorcio también puede darte la posibilidad de cultivar nuevos intereses o de hacer cosas que siempre quisiste, pero no hacías por tu esposo. Otro cliente comenzó a hacer senderismo y eventualmente se unió a un club, algo que su exesposa nunca quiso hacer. Como resultado, eso se hizo parte de su identidad. Otra forma de incorporar un nuevo aspecto a tu identidad es hacer cambios físicos. Hay quien cambia su estilo de cabello o comienza un programa de ejercicio después de su divorcio.

Una mujer con la que Crystal trabajó rediseñó su joyería de matrimonio y la convirtió en un espectacular juego de anillo y aretes. Usó su diamante de compromiso para uno de los aretes y compró otra piedra para completar el juego. Esta moderna joyería representó algo viejo y algo nuevo, simbolizando la importancia de su pasado y el nuevo camino de vida que comenzaba a recorrer. Esta paciente también reconoció que le tomó tiempo y esfuerzo llegar a este lugar de aceptación y significado, pero cada paso valió la pena.

Y ¿qué hay de ti? Echa un vistazo a algunos cambios externos que han sido resultado de tu divorcio y cómo han influenciado tu identidad. Recuerda que puedes elegir una nueva identidad: ¡tú le das sentido después de todo!

EJERCICIO 7.3: EXPLORAR TU NUEVA IDENTIDAD

Objetivo. El propósito de este ejercicio es ayudarte a pensar creativa y constructivamente en tu identidad postdivorcio.

Instrucciones. Este ejercicio tiene tres partes. Vas a examinar qué cambios externos han ocurrido desde tu divorcio, algunas de las nuevas cualidades que has notado en ti, así como los intereses que te gustaría cultivar que complementan tu nueva identidad. Trata de enfocarte en tus fortalezas y talentos en este ejercicio. En tu nueva vida, tú estarás construyendo esas capacidades que promueven tu felicidad y bienestar.

Parte 1. Describe cinco cambios externos que han ocurrido como resultado de tu divorcio. Esto puede incluir dónde vives, con quién, tu situación laboral, etcétera.

1. ____
2. ____
3. ____
4. ____
5. ____

Parte 2. Menciona cinco cualidades o rasgos positivos que has descubierto o desarrollado más plenamente como resultado de tu divorcio y los cambios externos.

Por ejemplo, algunas personas descubren la independencia, el valor o la habilidad de crianza.

1. ____
2. ____
3. ____
4. ____
5. ____

Parte 3. Anota cinco actividades o intereses que te gustaría explorar ahora que te has divorciado.

1. ____
2. ____
3. ____
4. ____
5. ____

Reflexión. Al reunir todo, *¿a qué conclusión llegas?* Imagina que vas a anunciar tu nueva identidad en una revista de gran tiraje a la que llamaremos *Identidad Ahora*. El objetivo del anuncio es que declares tu nueva identidad al mundo. (No para atraer a alguien en forma romántica, esto no es un perfil de eHarmony). Basándote en tus respuestas en las partes 1, 2 y 3, escribe un anuncio de identidad que describa tu nuevo yo.

____

____

____

¡Aquí está tu nuevo yo! Ya que estás creciendo y cambiando, tus relaciones con otros también sufren una metamorfosis. Adivinamos que la identidad más difícil fue la que tenías con tu ex.

REDEFINIR TU RELACIÓN CON TU EX

Muchas personas ven el matrimonio como un compromiso de toda la vida. Cuando su relación se disuelve, comúnmente lidian con la forma en la que se relacionan con sus antiguas parejas. Al buscar el sentido tras el divorcio, es útil pasar algún tiempo pensando en el papel que tu ex va a tener en tu vida. Incluso si no planeas interactuar nunca más con él, esa persona tendrá un papel en tus recuerdos y en las historias que cuentas sobre tu divorcio.

No hay una fórmula simple para redefinir tu relación con tu ex. Se necesita considerar muchos factores, como las circunstancias que rodearon al divorcio, si hay o no hijos, el comportamiento pasado y presente de tu ex, y tus propias preferencias. Lo que sigue son diferentes posibilidades de cómo puedes redefinir esta relación. Recuerda que puedes elegir cómo quieres responder a tu ex: eso es algo que sí está bajo tu control.

TU EX COMO AMIGO

A algunas personas les gustaría mantener una amistad con su ex después del divorcio. Crystal recuerda con gran cariño que la primera exesposa de su papá iba a las cenas de Navidad y Acción de Gracias durante su infancia. (Para entonces, ya iba en la tercera esposa, pero no vayamos tan lejos). Sin embargo, este tipo de relación puede funcionar solamente si el nivel de agresividad ha bajado, ambas partes están interesadas en mantener una amistad y no hay riesgo de abuso físico o emocional. A menos de que se cumplan estas condiciones, tratar de reconectar como amigos llevará a más sufrimiento. Dicho de forma simple, seguir siendo amigos es sólo una opción cuando es para el mejor interés de todos los involucrados y si te ayuda a llegar a un acuerdo con tu divorcio. Ser amigos puede no ser posible en el periodo inicial luego del divorcio, pero a veces el paso del tiempo y nuevas experiencias de vida abren esta puerta. Considera el caso de Raj.

EL CASO DE RAJ

Raj, quien apenas tiene unos 60 años, había estado casado por casi 25 años con su esposa Jasmine. Durante gran parte de su matrimonio, Jasmine se quejaba de numerosos problemas físicos y psicológicos, pero nunca buscó ayuda o dio pasos para mejorar su vida. Se divorciaron cuando Raj se dio cuenta de que Jasmine no quería cambiar y que su vida con ella se había vuelto insoportable. Ocho años más tarde, luego de haber ido a un taller sobre el perdón, decidió buscarla y la llamó. Durante la conversación se enteró de que vivía sola y estaba enferma. Un día él la visitó y la ayudó con algunas cosas en casa. Estaba sorprendido de cómo su rabia y su amargura, que lo habían dominado por muchos años, habían comenzado a desaparecer. Por primera vez desde su divorcio, quería ser de nuevo parte de su vida, esta vez como un amigo compasivo.

Aun cuando reestablecer una amistad con un ex no siempre es posible o deseable, muchas personas encuentran esto enriquecedor. Para Raj, reconectarse con su ex le ayudó a dar sentido a su divorcio en forma positiva. La visión de Raj sobre sí mismo cambió. Se dio cuenta de que tenía un corazón dulce y compasivo y que era capaz de ver cómo sufría su exesposa. Ya no sintió necesidad de evitarla o condenarla.

COMPARTIR LA CRIANZA DE LOS HIJOS CON TU EX

¿Tu ex tiene fortalezas como padre? ¿Cuáles son? Si tu ex tiene fallas en este aspecto, no olvides que todos los padres las tienen. Mientas que tu ex sea un padre razonablemente competente, tus hijos se beneficiarán de tu voluntad de trabajar juntos en su crianza. Y si has elegido incluir el perdón como parte de tu narrativa postdivorcio, es menos probable que tus hijos queden atrapados en medio de las disputas.

Parte de tu narrativa postdivorcio puede incluir un capítulo sobre la crianza colaborativa con tu ex si eso es una posibilidad razonable. La crianza colaborativa implica la comunicación regular con tu ex para discutir y trabajar juntos a fin de tomar decisiones que sean en beneficio de los hijos. Si la crianza colaborativa es una meta irreal, dado el estado de tu relación con tu ex, puedes intentar la crianza paralela. La crianza paralela implica un mínimo de comunicación con tu expareja. En ella, las reglas para los hijos pueden diferir en cada casa y cada uno de los padres se compromete a no desestimar la autoridad del otro. Con la crianza paralela, el frente unido es menos fuerte cuando se trata de establecer reglas y disciplinar, pero es mejor que una crianza con alto nivel de conflicto, en donde los niños frecuentemente son puestos en medio de álgidos argumentos entre los padres.

TU EX COMO __________ (LLENA EL ESPACIO EN BLANCO)

¿De qué otra forma podrías redefinir la relación con tu ex? Si pudieras ver tu vida como un guion, ¿qué papel le asignarías?

EJERCICIO 7.4: REDEFINIR EL PAPEL DE TU EX

Objetivo. La finalidad de este ejercicio es considerar el papel que tu ex tendrá en tu vida.

Instrucciones. Los guiones de película normalmente ofrecen una breve descripción de cada papel para que el lector comprenda quién es quién. De forma similar, nos gustaría que describas brevemente en la columna de la izquierda los roles que le has asignado a tu ex en el pasado que no han resultado muy útiles. En la columna de la derecha, enlista nuevos roles que le podrías asignar a tu ex y que te ayudarían a seguir adelante.

Ten presente. Hay algunos factores importantes que considerar al redefinir tu relación con tu ex:

1. ¿Es seguro seguir interactuando con tu ex?

2. ¿Tu ex te ha demostrado que te tratará de forma respetuosa si interactúan en el futuro?

3. ¿Qué papel te gustaría que tu ex jugara en tu historia de divorcio al seguir adelante?

VIEJO PAPEL QUE NO FUE ÚTIL	NUEVO PAPEL QUE TE AYUDARÁ A SEGUIR ADELANTE
Ejemplo: Mi ex debía hacerme feliz.	Mi ex me enseñó que la felicidad está dentro de mí.
Ejemplo: Mi ex destrozó mi vida.	El comportamiento de mi ex me alentó a echar mano de fortalezas que no me había dado cuenta que tenía.
Ejemplo: Mi ex no tiene cualidades positivas.	Mi ex fue un terrible esposo, pero es un padre/madre amoroso/a y juntos podemos ayudar a nuestros hijos a ajustarse al divorcio con el menor estrés posible.

Reflexión. Tu voluntad de cuestionar tus expectativas anteriores sobre tu ex y enfocarte en nuevas formas en las que las experiencias dolorosas te puedan ayudar a crecer como persona es un increíble regalo para ti mismo. Estás transformando tu vida al echar mano de tu fuerza interior. Tómate un momento para pensar en ello.

Redefinir tu relación con tu ex es una de las formas de dar sentido a tu vida postdivorcio. También puedes encontrar un nuevo significado en la vida al identificar lo que has aprendido de esta relación y de tu divorcio.

IDENTIFICAR LAS LECCIONES DE VIDA EN TU HISTORIA DE DIVORCIO

Algunas de las cosas más importantes y significativas aprendidas en la vida tienen un alto precio. Como alguien que apenas ha pagado (probablemente tanto literal como metafóricamente) ciertas cuotas durante tu divorcio, ¿qué has aprendido? ¿Qué puedes usar de la experiencia de tu relación con tu ex para vivir más en paz y más feliz ahora y en el futuro? Nos damos cuenta de que es una cuestión profunda y que probablemente requerirá tiempo para procesarla. Tómate todo el tiempo que necesites.

En nuestro trabajo con personas que enfrentan la tormenta del divorcio, nos hemos visto pasmados con la transformación positiva que ocurre postdivorcio entre aquellos que buscan nuevas formas de pensar, de estar más abiertos a sus experiencias internas y externas y de conectarse con otros en búsqueda de ayuda. Conforme pasa el tiempo, es común que se sorprendan por cómo el graduarse de la escuela del divorcio a punta de golpes los ha hecho más resilientes y en última instancia más felices. He aquí algunas de las lecciones que nuestros pacientes han compartido con nosotros:

- Las acciones de una pareja romántica hablan más que las palabras.
- Mi felicidad no proviene solamente de mi pareja.
- Siento más empatía por las personas que han sido engañadas por una pareja romántica.
- Buscar ayuda durante tiempos difíciles es signo de fuerza. Pasarlo solo sirve únicamente a mi orgullo.
- Cuidar de mí mismo no es egoísmo. No puedo estar presente para cuidar totalmente a otros a menos que me cuide física, emocional y espiritualmente.
- Merezco paz y felicidad.
- No puedo controlar todo lo que sucede. Sólo puedo controlar mis reacciones ante las situaciones de la vida.

Podríamos seguir y seguir, pero, en lugar de ello, te invitamos a que tomes un momento para considerar qué has aprendido de tu proceso de divorcio y de tu relación con tu ex.

EJERCICIO 7.5: LECCIONES APRENDIDAS EN LAS AULAS DEL DIVORCIO

Objetivo. La meta de este ejercicio es reflejar las lecciones que has aprendido como resultado de tu relación con tu ex y de tu divorcio.

Instrucciones. Enlista las cinco cosas principales que has aprendido. Ten en cuenta que a veces las circunstancias más difíciles (y las personas) te dan las mayores oportunidades de aprendizaje.

Lista. Las cinco cosas principales que has aprendido:

1. ____
2. ____
3. ____
4. ____
5. ____

Reflexión. Tómate un momento para pensar acerca de las lecciones que has aprendido y cómo te ayudarán en relaciones futuras. ¿Te sientes más fuerte y más sabio como persona después de aprender estas lecciones?

____

____

____

____

A veces, la vida presenta situaciones difíciles que son como regalos mal envueltos. No parecen contener nada bueno o deseable, pero, una vez que los desenvuelves, encuentras dentro todo tipo de bienes. Entonces, si puedes superar un moño maltrecho, una caja apachurrada y un horrible papel de envolver, puedes descubrir algo maravilloso.

¿QUÉ SIGUE?

El siguiente capítulo da un vistazo a cómo adoptar una actitud de gratitud que te puede ayudar en el ajuste postdivorcio. Hablando de gratitud, estamos muy agradecidos de que estés en este viaje con nosotros.

CAPÍTULO 8

"Nada parece ir bien"
BUSCAR LAS BENDICIONES ESCONDIDAS

Tras el dolor, el cambio y la incertidumbre que has enfrentado relacionados con tu divorcio, no es de sorprender que a veces sientas necesidad de quejarte. De hecho, quejarte (especialmente de tu ex) es una tradición honrada entre muchas personas divorciadas. ¿Cuántas veces has oído a un amigo divorciado comenzar una conversación con "No vas a creer lo que hizo mi ex esta vez..."?

Lamentarte sobre tus problemas puede tener una función, pero después de un cierto punto puede volverse problemático. ¿Cómo saber si tus quejas ya se pasaron de la raya? ¿Puedes aprender a enfocarte en las bendiciones de tu vida en lugar de en las cosas que van mal?

ENFOQUE DEL CAPÍTULO

Este capítulo te invita a examinar cómo el fortalecer tu actitud de gratitud puede ayudarte a lidiar con el divorcio. Comenzamos hablando sobre las quejas y qué función pueden tener en tu vida. A continuación, hacemos una revisión sobre los recientes hallazgos científicos de los beneficios de la gratitud. Finalmente, te brindamos sugerencias prácticas para mejorar la gratitud en tu vida.

RECONOCER A TU QUEJUMBROSO INTERIOR

Hablar de tus luchas con alguien de tu confianza puede ser extraordinariamente útil. Las personas normalmente se sienten mejor al saber que hay alguien que las escucha y les brinda apoyo, incluso cuando las soluciones a sus problemas no son aparentes. Lamentarse, por otro lado, suele ser contraproducente. Hay una delgada línea entre procesar constructivamente los sentimientos y quejarse. ¿Cómo puedes saber cuándo la has cruzado?

Como dijo el exmiembro de la Suprema Corte de Justicia de los Estados Unidos, Potter Stewart (respecto de un tema totalmente diferente): "Lo sabré cuando lo vea". Es fácil reconocer las quejas en los demás. Es mucho más difícil identificar los lamentos cuando el quejumbroso eres tú. He aquí algunas claves para identificarlo:

- Estás hablando mucho sobre los problemas relacionados con tu divorcio y no lo suficiente sobre otras cosas.

- Discutes tus conflictos con personas que no están capacitadas para manejarlos, tales como tus hijos, personas que recién conoces, el cartero...

- La gente comienza a evitarte o a cambiar rápidamente de tema cuando comienzas a hablar de tu divorcio.

- Te estás cansando de pensar o hablar de tu divorcio.

Si algo de esto te suena familiar, entonces tu quejumbroso interno puede estar tomando el control. Puedes hacer algo al respecto.

CONFRONTAR A TU QUEJUMBROSO INTERIOR

Lamentarse es una elección: no es una respuesta automática e incontrolable a circunstancias difíciles. De hecho, algunos de nosotros dejamos que nuestro llorón interior sea la estrella de nuestras vidas. ¿Conoces a alguien con el asombroso don de encontrar siempre algo de qué quejarse en toda circunstancia? Considera esta historia (fuente original desconocida):

Había un monasterio en la montaña que exigía un estricto voto de silencio a sus monjes. Se hacía una excepción una vez al año en donde cada monje podía ponerse delante de la comunidad monástica y decir una sola palabra. Después del primer año, un monje se paró delante de los demás y con voz clara dijo: "La". Regresó a su asiento y comenzó otro año de retiro silencioso. Al término del segundo año, el monje se puso delante del grupo y dijo: "Comida". Una vez más, volvió a su asiento y se sumió en el silencio. Para cuando finalizó el tercer año, el monje se dirigió al grupo y dijo: "Apesta". Hubo un incómodo silencio. Finalmente, el abad se volvió hacia el monje y le dijo: "Mira, llevas aquí tres años y todo lo que haces es quejarte".

Como el monje, ¿te has encontrado quejándote todo el tiempo? Es cierto, puede ser que el monje tuviera un punto. Tal vez la comida era horrible y les estaba haciendo a todos un favor al decirlo. Tal vez el chef necesitaba escuchar fuerte y claro esta dura verdad sobre su cocina. Sin embargo, el hecho es que el monje se quejaba cada vez que abría la boca.

EXAMINAR POR QUÉ TE LAMENTAS

Si te encuentras quejándote más seguido de lo que te gustaría, no seas duro contigo mismo. La verdad es que todos llevamos dentro a un quejumbroso que quiere ser escuchado de vez en cuando. En lugar de juzgar a tu quejumbroso interior, puede que sea útil que examines algunas de las razones por las que te quejas en primer término. He aquí algunas posibilidades.

- **QUIERES QUE OTROS SEPAN QUE ESTÁS SUFRIENDO.** Si estás pasando tiempos difíciles, es normal que quieras que otros comprendan lo que estás atravesando. Quejarte es una forma de comunicarte sobre tus experiencias y tal vez un intento de sentirte menos solo. Tal vez también esperas que otros estén de acuerdo con tu percepción de los eventos y que reconozcan cuán duro ha sido todo. Cuando otros están de acuerdo con tu percepción, sientes que tu perspectiva y tus acciones son justificadas.

- **TE CONECTAS CON OTROS MEDIANTE EXPERIENCIAS SIMILARES.** ¿Cuánto tiempo pasan tus amigos divorciados quejándose de sus ex? Quejarse es una forma en la que los amigos divorciados se relacionan mediante experiencias compartidas. Sin embargo, cuando otros se lamentan de sus ex, puede que haya cierta presión para unirse a la queja. ¿Te has descubierto quejándote de tu ex no porque quisieras, sino porque los demás lo hacían?

- **QUIERES CAMBIAR ALGO.** A veces puedes quejarte porque esperas que algo cambie. El monje del monasterio se había quejado acerca de la comida porque esperaba que el chef hiciera algunas mejoras. Que ocurra o no el cambio a causa de una queja depende de las circunstancias y de cómo la planteas. Pero quejarte de tu ex con un tercero normalmente no te trae ningún cambio. Además, lamentarse directamente con tu ex puede empeorar las cosas, especialmente si la relación es ya de por sí tensa. Si tu ex no respondió a tus quejas cuando estaban casados, cualquier motivación de cambiar probablemente es menor ahora que el matrimonio ha terminado.

- **LAMENTARSE COMO UN HÁBITO.** Puedes quejarte por costumbre. En este caso, le has dado a tu llorón interior demasiada libertad, de modo que arrasa con tu consciencia y entra en piloto automático.

EJERCICIO 8.1: ENTRAR EN CONTACTO CON TU QUEJUMBROSO INTERIOR

Objetivo. El propósito de este ejercicio es echar un honesto vistazo a tu quejumbroso interior.

Instrucciones. Responde las preguntas que siguen sobre el papel que las lamentaciones tienen en tu vida.

Ten presente. El propósito de este ejercicio no es que te juzgues duramente. En lugar de ello, bajo una perspectiva de *mindfulness* (véase capítulo 2) y de autocompasión (véase capítulo 3), te invitamos a ser consciente de la función que quejarse tiene para ti.

Examinar a tu quejumbroso interior. En la siguiente escala del 1 al 4, coloca una *x* al lado de la declaración que mejor corresponda a tu evaluación sobre cuán frecuentemente te quejas, sea que verbalices estas quejas con otros o no. Las lamentaciones pueden estar dentro de tus pensamientos, aun cuando no estén enfocadas en tus conversaciones.

_______ **1.** Nunca me quejo. Quejarme no es parte de como yo abordo mi vida desde mi divorcio.

_______ **2.** Me quejo de vez en cuando.

_______ **3.** Me descubro quejándome más de lo que quisiera.

_______ **4.** He perfeccionado el arte de quejarme y puedo lamentarme con maestría. Qué mal que quejarse no sea un deporte competitivo, porque ganaría un trofeo y entonces me quejaría porque el trofeo no es lo suficientemente bonito.

Razones detrás de tus lamentaciones. Tómate unos minutos para escribir algunas de las razones por las que te quejas. Si tienes problemas para encontrar estas razones, considera algunas de las posibilidades comentadas en este capítulo.

____

____

Alternativas a la queja. ¿Puedes pensar en formas más efectivas de satisfacer tus necesidades? Si es así, escríbelas en el espacio siguiente.

____

Reflexión. Puede que no te des cuenta de cuán frecuentemente te quejas. Considera revisarlo con amigos cercanos o con miembros de tu familia que puedan darte una honesta retroalimentación. Analiza si sus observaciones sobre cuán seguido te quejas son consistentes con tu percepción. También en tu práctica de *mindfulness* (véase capítulo 2) nota qué tan frecuentemente tus pensamientos se enfocan en lamentos, aun cuando no los verbalices.

EL LADO OSCURO DE LOS LAMENTOS

Bajo las condiciones correctas, lamentarse puede ayudar a construir un cambio positivo, pero también tiene su lado oscuro. Quejarse se torna problemático cuando es el enfoque central de tu vida. Piensa por un momento en alguien que se lamente constantemente. ¿Parece feliz? ¿Es agradable estar cerca de él? Quejarse tiene muchas desventajas.

- **QUEJARSE ALEJA A OTROS.** La gente que se lamenta mucho lleva encima una nube de tormenta por dondequiera que va. Como el mal clima, cualquiera que está cerca se ve afectado y muchos buscan guarecerse. Por ejemplo, la primera vez que acuden a una cita luego de un divorcio, algunas personas se quejan tanto de su ex que de forma inadvertida alejan a su nueva pareja romántica.

- **LAMENTARSE CONTRIBUYE AL MAL HUMOR.** Si te has sentido deprimido y tiendes a ver los eventos de tu vida a través de unos lentes oscuros, quejarte no ayudará. De hecho, contribuirá a reforzar los pensamientos negativos que alimentan el mal humor.

- **QUEJARSE PUEDE EVITAR QUE CAMBIES DE PERSPECTIVA.** Uno de los secretos de la sanación emocional tras un divorcio es aprender a transformar tu perspectiva. Lamentarse refuerza la narrativa negativa sobre tu vida y te mantiene empantanado en tu sufrimiento.

- **QUEJARSE PUEDE SER UN SUSTITUTO PARA LA ACCIÓN.** Lamentarse puede dar la falsa idea de que estás haciendo algo por tus problemas. Sin embargo, aunque quejarse puede llevar a un cambio constructivo bajo ciertas circunstancias, la mayoría de los lamentos no cambian la naturaleza del problema.

- **LAMENTARSE PUEDE IMPACTAR NEGATIVAMENTE A TUS HIJOS.** Los padres divorciados a veces se encuentran quejándose de sus ex delante de sus hijos. Esto puede ser muy doloroso para los hijos. Incluso si no te estás quejando directamente, quejarse puede tener un impacto negativo en el humor de los niños. Además, los chicos pueden aprender a ser buenos para lamentarse de sus padres.

DALE UN DESCANSO A TU QUEJUMBROSO INTERIOR

¿Tu quejumbroso interior te tiene cansado? ¿Es hora de darle un receso? Si la respuesta a estas preguntas es no y no estás listo para dejar de quejarte, es comprensible. Después de todo, has pasado por experiencias realmente difíciles. De hecho, si quieres quejarte sobre nuestra decisión de incluir una sección en este libro sobre lamentarse, por nosotros está bien (somos los primeros en admitir que nos quejamos a veces).

No obstante, si quieres pasar menos tiempo escuchando a tu quejumbroso interior, considera agendar 15 minutos al día para enfocarte en pensamientos negativos y en lamentos. Aunque eso pueda parecer contraproducente, apartar un tiempo para enfocarte en tus pensamientos negativos es una técnica que puede ofrecerte mayor sentido de control sobre tus patrones de pensamiento y enfocarte en ideas más constructivas durante el resto del día (Sharoff, 2002). Otra poderosa forma de dejar atrás a tu llorón interior es enfocarte en las bendiciones de tu vida: ver la vida con gratitud.

¿QUÉ ES LA GRATITUD?

La gratitud ha sido ensalzada por miles de años por las mayores religiones, filósofos y personas con talento para hacer breves frases. En el siglo I a. C., el estadista romano Cicerón proclamó: "La gratitud no es sólo la mayor virtud, sino que es la madre de todas las demás virtudes". Muchos creen que vale la pena la gratitud, pero ¿qué es?

La gratitud se puede definir como "un sentido de agradecimiento y gozo como respuesta al recibir un regalo" (Emmons y Hills, 2001: 15). Frecuentemente se caracteriza como una emoción compleja porque no da paso a una expresión facial reconocible o a un único patrón identificable de actividad cerebral (Solomon, 2004). Aunque la gratitud es un componente emocional, también implica una forma especial de pensar. Emmons (2007) observó que la gratitud tiene dos componentes: primero, observar y reconocer lo que es bueno en tu vida, y segundo, comprender que la bondad proviene de una fuente más allá de ti mismo.

Una de las mejores cosas de la gratitud es que puedes practicarla a cualquier edad y bajo cualquier circunstancia. Eso se hizo evidente para los alumnos de primer año de la universidad que se inscribieron en el seminario impartido por Mark, en donde abordó cómo las personas florecen en tiempos difíciles. Una de las tareas de la clase era que los estudiantes hicieran una presentación en la comunidad sobre el tema de la gratitud. Se dividieron en dos grupos para hacer la tarea.

La mitad de los estudiantes se presentó con personas inscritas en un programa que Crystal desarrollaba en el campus. El programa permitía que adultos con discapacidades (síndrome de Down, autismo, parálisis cerebral, lesiones cerebrales traumáticas) asistieran a conferencias en la universidad. Los estudiantes pidieron a los alumnos con capacidades diferentes que describieran por qué estaban agradecidos. Un caballero que tenía movilidad y habla limitadas dijo estar profundamente agradecido con los miembros de su familia por cuánto tiempo pasaban con él. Otros expresaron gratitud por sus amigos y maestros. Una persona habló apasionadamente sobre cuán agradecida estaba en particular por dos videojuegos.

La otra mitad de la clase de Mark se presentó con estudiantes de cuarto grado de una primaria local. Estos chicos identificaron fácilmente por qué estaban agradecidos. Muchos de ellos dijeron que sentían gratitud por sus padres, un hermano o un abuelo. Una niña dijo sentirse agradecida por su rana, su cuyo, sus tres pajaritos, dos hámsteres y una tortuga. Otro niño agradeció por sus patos. Al preguntarle más al respecto, dijo que su familia tenía más de 300. Otro niño estaba agradecido por la pista de hielo para *hockey*.

La capacidad de los niños y de los adultos con discapacidad para identificar y expresar fácil y elocuentemente su gratitud causó una profunda impresión en nosotros. Nos recordaron que la gratitud es posible a cualquier edad, incluso al enfrentar retos físicos, emocionales y sociales.

¿POR QUÉ PRACTICAR GRATITUD?

Sin duda, enfocarse en la gratitud cuando atraviesas las dificultades del divorcio puede parecer cuesta arriba. Pero, con algo de práctica, puedes aprender a hacerlo. Ten en cuenta que poner atención a las cosas por las que estás agradecido no significa que tengas que ignorar o negar el dolor que estás viviendo. Simplemente quiere decir que estás ampliando tu perspectiva sobre tus circunstancias. En lugar de enfocarte en las adversidades, examinas tu vida a través de unos lentes que identifican las bendiciones en medio de los retos. Hacer esto tiene muchos beneficios.

- **LA GRATITUD MEJORA OTRAS EMOCIONES POSITIVAS.** La investigación ha demostrado que enfocarte en la gratitud puede incrementar sentimientos positivos (Emmons y McCullogh, 2003) y un sentido de bienestar (Rash, Matsuba y Prkachin, 2011).

- **LA GRATITUD MEJORA EL SUEÑO.** Las dificultades para dormir, que son comunes cuando se enfrentan eventos estresantes como el divorcio, pueden hacerte sentir miserable. Las evidencias sugieren que el agradecimiento está relacionado con el buen dormir (Wood *et al.*, 2009) y que la práctica de hacer un diario de gratitud puede mejorar la calidad del sueño (Digdon y Koble, 2011).

- **LA GRATITUD SE RELACIONA CON UN MENOR AGOTAMIENTO.** ¿Te has sentido exhausto últimamente? El daño emocional al atravesar por un divorcio puede expandirse por todos lados. Las investigaciones demuestran que la gratitud en tu trabajo se relaciona con una mayor satisfacción en el mismo y con un menor agotamiento (Lanham *et al.*, 2012).

- **LA GRATITUD FORTALECE LAS RELACIONES.** Las investigaciones muestran que, cuando la gente es agradecida, tiende a incluir más a sus benefactores en actividades futuras, incluso si hay un costo para ellos (Bartlett *et al.*, 2012). Esto puede ayudarte a mejorar tus relaciones.

MEJORAR TU ACTITUD DE GRATITUD

Leer sobre la gratitud puede resultar intelectualmente estimulante e inspirador, pero, si quieres mejorar tu vida, tienes que poner la gratitud en práctica. Hay muchas formas de hacer esto.

IDENTIFICAR A PERSONAS QUE HAN HECHO LA DIFERENCIA

A veces es fácil subestimar a las personas que han estado presentes en tiempos difíciles. El siguiente ejercicio te pide que reflexiones sobre las personas que han hecho la diferencia en tu vida. Una parte especial es identificar a quienes te han apoyado durante tu divorcio.

EJERCICIO 8.2: IDENTIFICA A LAS PERSONAS CON QUIENES ESTÁS AGRADECIDO

Objetivo. La finalidad de este ejercicio es dedicar un tiempo a pensar en las personas de tu vida con quienes estás agradecido. Haz una lista de personas en las que te apoyaste durante tu divorcio, así como de otras que han hecho la diferencia en otros momentos.

Instrucciones. En la columna de la izquierda, enlista a las personas con quienes estás agradecido. En la columna de la derecha, describe brevemente las razones de tu gratitud hacia cada una de ellas.

NOMBRE DE LA PERSONA	RAZONES POR LAS QUE ESTÁS AGRADECIDO CON ELLA

Reflexión. Observa de nuevo tu lista. ¿Hace cuánto tiempo que no llamas o pasas tiempo con las personas que mencionaste que siguen en tu vida? Tras un divorcio, es especialmente importante seguir en contacto con la gente que se preocupa por ti.

Considera añadir a esta lista a nuevas personas que han llegado a tu vida.

DAR LAS GRACIAS

Identificar a las personas con quienes estás agradecido es un buen comienzo. Sin embargo, si nunca les dejas saber cuánto significan para ti, ambos se están perdiendo de una experiencia enriquecedora. William Arthur Ward dijo: "Sentir gratitud y no expresarla es como envolver un regalo y no entregarlo". Lo maravilloso de expresar gratitud es que no te cuesta nada y puede tener réditos profundos y duraderos tanto para ti como para la persona a la que agradeces. Es también una excelente manera de acallar a tu quejumbroso interior.

En su libro *Authentic Happiness*, Martin Seligman (2002) recomienda escribir una carta de agradecimiento a alguien que signifique mucho para ti, pero a quien no le hayas agradecido lo suficiente. Seligman pidió a sus estudiantes que se dedicaran a esta tarea y quedaron impactados por el poder que tenía tanto en quienes escribían como en los destinatarios.

Los estudiantes del seminario de Mark reportaron experiencias similares después de que se les pidió que escribieran cartas de gratitud, las compartieran con la otra persona y reflexionaran sobre la experiencia. Muchos estudiantes reportaron que se sentían un poco ansiosos cuando comenzaron la tarea porque no estaban acostumbrados a expresar profundos sentimientos de gratitud de forma tan directa. Sin embargo, una vez que comenzaron a compartir sus cartas, su ansiedad cambió por un sentimiento de gozo cuando se dieron cuenta de cuán profundamente sus cartas habían afectado a sus destinatarios.

Una estudiante notó que siempre había admirado a su hermano mayor, quien había sido la figura paterna para sus hermanos menores tras la muerte de su padre. Compartir su carta de gratitud con su hermano los sacudió profundamente a ambos. Al recibir la carta, su hermano dijo que era justo el empujón que necesitaba para terminar una semana especialmente difícil. Otra estudiante le escribió una carta a su compañera de habitación, quien le había ayudado durante su transición a la universidad. Tan pronto como su compañera leyó la carta, comenzó a llorar. Para cuando terminó, las dos chicas habían vaciado la caja de pañuelos. Éste es un poderoso ejercicio, y te invitamos a que lo intentes.

EJERCICIO 8.3: ESCRIBIR UNA CARTA DE AGRADECIMIENTO

Objetivo. La meta de este ejercicio es que des las gracias por escrito a alguien que haya contribuido de forma positiva en tu vida.

Instrucciones para la Parte A. Selecciona a alguien que hayas identificado en el ejercicio 8.2 que haya hecho una diferencia positiva en tu vida. Escríbele una carta expresando tu gratitud. Puedes hacerlo a mano o teclearla, y puede ser tan larga o tan corta como tú quieras.

Ten presente. A veces algunas personas se sienten un poco raras al escribir esta carta porque se esfuerzan mucho por decir cómo se sienten de inmediato. Trata de no preocuparte por escribir la carta perfecta. Lo más importante es que las palabras salgan directamente de tu corazón.

Fecha ________________

____

____

____

Instrucciones para la Parte B. Ahora que ya escribiste la carta, el siguiente paso es compartirla con esa persona. Seligman recomienda que lo hagas frente a frente de ser posible. Si no fuera posible, puedes tener una conversación telefónica o a través de video conferencia.

Ten presente. Compartir tu carta de gratitud puede ser una experiencia emocionalmente muy intensa (en el buen sentido). También puede provocar una ligera ansiedad si no estás acostumbrado a expresar gratitud de esta forma. Si deseas compartir la carta, puede que descubras que tanto tú como el destinatario se conmueven profundamente.

Reflexión. Describe cómo fue para ti escribir la carta y compartirla. ¿Piensas que escribirás otras cartas de gratitud en el futuro?

____

____

____

    ¿Este ejercicio tuvo un impacto positivo para ti? Si es así, sería consistente con lo que los investigadores han descubierto. Toepfer, Cichy y Peters (2012) descubrieron que las personas que escribían tres cartas de gratitud durante un periodo de tres años eran más felices y tenían más satisfacción en su vida, así como menos depresión que las personas que no habían escrito cartas de gratitud durante ese mismo periodo.

ENCONTRAR GRATITUD EN LAS COSAS SIMPLES

Desde tu divorcio, ¿qué tan seguido has saboreado una excelente comida, disfrutado una buena carcajada con amigos o apreciado la belleza de la naturaleza? Aprender a tomar el tiempo para apreciar las cosas simples es una importante habilidad que puede servirte mientras lidias con tu divorcio. Uno de los beneficios de mantener la práctica del *mindfulness* (véase capítulo 2) es que sentirás una mayor apreciación por las cosas simples de la vida.

Tómate un momento para pensar en tres cosas de tu vida que te den gran placer. Mark piensa en la música, las caminatas y los helados de Ben & Jerry's. Crystal piensa en su DVR, el café y su perro pug llamado Bugg (sí, ése es realmente el nombre de su perro). Sólo pensar en cosas que te dan placer puede hacerte sentir bien.

PRACTICAR LA GRATITUD EN MEDIO DE CIRCUNSTANCIAS COMPLEJAS

Es más fácil reconocer y expresar gratitud cuando nos sentimos bien. ¿Qué hay sobre expresar gratitud en tiempos difíciles? Cuando las nubes de tormenta de la vida son especialmente negras y densas, ¿puedes ver un resquicio de esperanza? ¿Puedes ver el vaso medio lleno en lugar de medio vacío? ¿Puedes hacer limonada con los limones? (¿Podemos usar más clichés en este párrafo?).

Los estudiantes del seminario de Mark encontraron una niña de cuarto grado que era especialmente buena identificando sus bendiciones. Cuando le preguntaron si tenía algo de qué quejarse, respondió: "Tener que compartir la habitación con mi hermanita". Cuando le preguntaron después por qué se sentía agradecida, replicó sin dudar: "Camas literas". Ésa es una forma de encontrar lo positivo en una situación difícil.

Algunas personas pueden identificar fácilmente las bendiciones en situaciones difíciles, en tanto que para otras la tarea resulta más complicada. Si esto se te facilita, puede ser un ejemplo de lo que en psicología positiva se llama *fortaleza propia*. Pero, incluso si identificar las bendiciones te resulta difícil, puedes mejorar con la práctica. En el siguiente ejercicio, te invitamos a hacer una lista de quejas o de situaciones problemáticas que estás enfrentando ahora mismo, para luego a ver si puedes identificar la luz en medio de la oscuridad.

EJERCICIO 8.4: BUSCAR LAS BENDICIONES EN MEDIO DE LA TORMENTA

Objetivo. La finalidad de este ejercicio es pensar en las bendiciones que surgen en medio de los tiempos difíciles.

Instrucciones. En la columna de la izquierda haz una lista de situaciones difíciles que actualmente estés atravesando. Trata de ser específico. Por ejemplo, si estás teniendo problemas para ajustarte con tu divorcio, desmenuza esto en una lista de problemas específicos (tales como "estoy teniendo problemas para pagar las cuentas", "extraño mi vieja casa", "me siento solo"). En la columna de la derecha, enlista las bendiciones presentes en cada una de estas situaciones.

Ten presente. Enfocarte en las bendiciones en situaciones complejas no significa que ignores o niegues el dolor que estás experimentando. Simplemente significa que estás ampliando tu perspectiva al incorporar bendiciones. Si encuentras mucha resistencia interior para esta tarea, puede que quieras dejarla para después. Haz este ejercicio cuando estés listo.

SITUACIÓN DIFÍCIL	BENDICIÓN(ES) PRESENTE(S)
Ejemplo: Me siento solo sin una pareja.	Tengo tiempo para volver a estar en contacto con amigos y hacer actividades que son importantes para mí.

Reflexión. ¿Te resultó fácil encontrar cosas positivas? En una escala del 1 (extremadamente fácil) al 10 (extremadamente difícil), ¿qué tan complicada resultó esta tarea para ti?

Si se te dificultó este ejercicio, ten presente que mejorarás mientras más lo practiques. Antes de darte cuenta, tu voz interior de gratitud estará sofocando a tu quejumbroso interior cuando las cosas vayan mal.

HACER DE LA GRATITUD UN HÁBITO DIARIO

Los psicólogos Robert Emmons y Michael McCulloug (2003) trataron de responder a una simple pregunta: ¿puede ser que contar tus bendiciones de forma regular tenga un impacto positivo en tu vida? Condujeron tres estudios: dos con estudiantes universitarios y uno con adultos que sufrían una enfermedad neuromuscular. Los participantes a los que se les asignó que llevaran un diario de gratitud mostraron más optimismo, sentido de bienestar y mejor humor que aquellos que llevaron un diario diferente o que no escribieron nada.

El siguiente ejercicio te invita a llevar un diario de gratitud.

EJERCICIO 8.5: EL DIARIO DE GRATITUD

Objetivo. El propósito del siguiente ejercicio es que practiques la gratitud diariamente.

Instrucciones. Durante los próximos tres días, pasa entre 10 y 15 minutos al final de cada día reflexionando sobre las cosas por las que te sientes agradecido. Cualquier bendición durante el día puede servir. Puedes hacer una lista de hasta cinco cosas por las que sientes gratitud (como los participantes en el estudio de Emmons y McCullough) o escribir un párrafo al respecto.

DÍA DE LA SEMANA	RAZONES PARA ESTAR AGRADECIDO
DÍA 1	
DÍA 2	
DÍA 3	
DÍA 4	
DÍA 5	

Reflexión. ¿Cómo te sentiste al pensar en las cosas que agradecías? ¿Piensas que llevar un diario de gratitud es algo que te gustaría incorporar en tu vida diaria?

Como mencionamos previamente en este capítulo, mejorar tu actitud de gratitud puede fortalecer otros sentimientos positivos. Nuestras propias investigaciones sugieren que hay beneficios al llevar un diario de gratitud tras un divorcio (Rye *et al.*, 2012). Descubrimos que los participantes que llevaban un diario de gratitud durante 10 días después de asistir a un taller de perdón mejoraron más en su capacidad de perdón hacia sus ex que aquellos que sólo llevaban un diario de eventos después de taller o que aquellos que estuvieron en la lista de espera.

IDENTIFICAR UN SOCIO DE GRATITUD

¿Hay alguien en tu vida con quien siempre te quejas? En otras palabras, ¿tienes un socio de quejas? No es que haya nada malo con ello. No obstante, puede que desees considerar tener un socio de gratitud. Un socio de gratitud es alguien con quien compartes la meta de reconocer y hablar sobre las bendiciones de la vida. Es como tener un socio de ejercicio que te motiva a cumplir tus metas. Tal como en el ejercicio, puede ser difícil apegarse a las metas de gratitud si no tienes a alguien que te aliente en esos días difíciles. La práctica de la gratitud puede ser dura, especialmente si estás atravesando dificultades relacionadas con tu divorcio.

Hay muchas formas creativas de encontrar un socio de gratitud. Una de nuestras colegas —una madre divorciada— solía pedirles a sus hijos en la hora de la cena que dijeran algo por lo que estaban agradecidos ese día. A pesar de que ahora sus hijos ya son grandes, siguen valorando esa tradición y la han continuado en sus propias familias. De forma alternativa, puedes buscar a un amigo cercano o a un hermano como socio de gratitud. Asegúrate de escoger a alguien que te aliente e inspire en los días difíciles.

USA LA TECNOLOGÍA PARA MEJORAR LA GRATITUD

Puedes usar la tecnología para que te ayude a desarrollar una perspectiva más agradecida. Por ejemplo, tal vez puedas fijar una alarma en tu teléfono inteligente para establecer intervalos regulares durante el día que te sirvan como recordatorios, a fin de tener un momento para considerar las cosas por las que estás agradecido. Si tu socio de gratitud vive lejos de ti, pueden enviarse mensajes de texto o hacer video-conferencias para animarse mutuamente en el trabajo de la gratitud. Podrías también usar las redes sociales para ello. ¿Quién sabe? Se podría volver viral.

¿QUÉ SIGUE?

Este capítulo se ha dedicado a cómo abordar la vida con gratitud puede mejorar otras emociones positivas. Ahora es momento de enfocarse en lo que todo el mundo busca tras un divorcio: la felicidad.

CAPÍTULO 9

"¿Podré ser feliz de nuevo?"
¡SÍ!

La verdad es que ninguno de nosotros es muy bueno para predecir qué nos hará felices. Gastamos tiempo y energía cazando cosas que pensamos que nos darán la felicidad, sólo para descubrir más tarde que sigue faltando algo en nuestras vidas. Si aún no encuentras lo que estás buscando, ciertamente no estás solo.

Al enfrentarte al divorcio, puede ser tentador buscar cosas que te brinden placer temporal, pero ello no contribuye a tu felicidad a largo plazo. Buscar placer temporal no es necesariamente un problema, pero al mismo tiempo es importante desarrollar las estrategias para redescubrir la felicidad duradera.

ENFOQUE DEL CAPÍTULO

Este capítulo aborda la búsqueda de la felicidad tras el divorcio. Comienza por examinar lo que significa ser feliz y por qué puede que no seas bueno prediciendo lo que te hará feliz. Con base en los descubrimientos de la psicología positiva, te ofrecemos sugerencias para cultivar la felicidad. También te brindamos unas reflexiones finales sobre las estrategias de la psicología positiva para lidiar con el divorcio.

LO QUE SIGNIFICA LA FELICIDAD

Reconoces la felicidad cuando la sientes. Es probable que pases mucho tiempo buscándola y, cuando eres feliz, lo reconoces y puedes felicitarte. Pero ¿qué significa ser feliz? Antes de seguir adelante, te invitamos a explorar esta pregunta.

EJERCICIO 9.1: ¿QUÉ ES LA FELICIDAD?

Objetivo. El propósito de este ejercicio es que explores tu definición personal de felicidad.

Instrucciones. Pregúntate que es la felicidad para ti. Reflexiona sobre esta pregunta en el espacio para ello.

¿Qué significa la felicidad para ti?

Ahora que has reflexionado sobre tu propia definición de felicidad, nos gustaría compartir algunas definiciones de los mejores en el campo de la psicología positiva. Sonja Lyubomirsky define la felicidad como "el ejercicio de gozo, contento o bienestar positivo, combinado con un sentido de que la vida de uno es buena, significativa y valiosa" (2008: 32).

Martin Seligman (2002) cree que la felicidad puede buscarse en tres formas: la vida placentera, la buena vida y la vida con sentido. La vida placentera es aquélla en que las emociones positivas se alcanzan mediante experiencias sensoriales. La buena vida implica descubrir y usar tus fortalezas para mejorar tu propia vida y la de los demás. Finalmente, la vida significativa implica cultivar una profunda y satisfactoria existencia capitalizando tus fortalezas y virtudes para un bien más alto.

Tanto Lyubomirsky como Seligman enfatizan que las personas construyen activamente estados emocionales positivos y una existencia significativa. La felicidad no sucede simplemente: tú creas tu propia felicidad con el tiempo. ¡Ésas son noticias felices!

Entonces, ¿por qué es tan difícil predecir qué te hará feliz?

ADAPTARSE A LOS GRANDES RETOS DE LA VIDA

Considera lo que ocurre cuando entras en una tina con agua caliente. El cambio de la temperatura al inicio es incómodo. Sin embargo, con el tiempo, tu sistema sensorial comienza a adaptarse y experimentas la tibieza del agua como algo relajante y placentero. La temperatura del agua no ha cambiado mucho, pero tu cuerpo se ha adaptado.

De forma similar, las investigaciones demuestran que las personas se adaptan emocionalmente a las grandes transformaciones de sus vidas. Por ejemplo, muchos esperan ser felices después de casarse, pero ¿eso sucede de verdad? Empleando la información de un estudio longitudinal a lo largo de 15 años en Alemania, Lucas *et al.* (2003) estudiaron a individuos que inicialmente estaban solteros, pero que luego se casaron y permanecieron así a lo largo de la investigación. Los participantes mostraron un incremento inicial en la felicidad después de casarse, pero, para el final del segundo año, su felicidad había vuelto a los niveles previos al matrimonio. Ten presente que estos resultados reflejaron los cambios promedio que ocurrieron y algunos participantes experimentaron cambios duraderos (tanto positivos como negativos). No obstante, en general, los participantes se adaptaron a sus transiciones de vida y los niveles de satisfacción volvieron a la línea de partida con el tiempo. La gente también tiende a adaptarse a eventos difíciles como el divorcio.

La tendencia a que disminuya la intensidad de los sentimientos a causa de eventos de vida importantes se llama *adaptación placentera* (Frederick y Loewenstein, 1999). Conocer sobre la adaptación placentera te puede ayudar a evitar las expectativas poco realistas. Por ejemplo, si esperas que una nueva relación romántica o matrimonio te hagan una persona más feliz, puede que te estés predisponiendo a la decepción. De igual forma, si dudas sobre si te volverás a sentir bien después de tu divorcio, puede reconfortarte el hecho de que, con el tiempo, tu humor tenderá a mejorar. De hecho, no tienes que esperar pasivamente a que esto suceda. Puedes tomar acción para mejorar tu ánimo.

Un factor que puede impactar significativamente en tu ánimo tras el divorcio es el dolor financiero. En una cultura consumista, el dinero y la felicidad están comúnmente ligados y el divorcio puede afectar tanto a tu cartera como a tu corazón. La siguiente sección te ofrece algunas estrategias de felicidad sobre tu perspectiva financiera.

FELICIDAD Y DINERO

Los retos financieros que siguen al divorcio pueden ser sobrecogedores. Si estás muy preocupado por cómo vas a pagar el abogado, los costos judiciales, la pensión alimenticia, los gastos de los hijos, la hipoteca o la renta, los gastos del auto y las cuentas médicas, no estás solo. Muchos experimentan un sentido de pérdida respecto de cómo ha cambiado su perspectiva financiera. Las cargas financieras son especialmente difíciles de afrontar especialmente si tu ex está tratando de exprimirte hasta el último centavo. Tal vez te gustaría decirle algo a la persona que proclamó: "Estoy teniendo una experiencia *extradinero*".* Los retos económicos que siguen al divorcio no tienen que consumir tu vida o definir tu camino por siempre. Existen respuestas.

---

* Juego de palabras entre *extrasensorial*, "excluida del cuerpo", y *extramonetaria*, "excluida del dinero" [N. del T.].

- **OBTENER UN BUEN CONSEJO FINANCIERO.** Si te sientes abrumado por tus cargas financieras, trata de no ser duro contigo mismo. En lugar de ello, enfócate en buscar consejo. Hay ayuda disponible si sientes que te estás ahogando entre facturas y deudas. Considera consultar a un agente financiero, leer libros sobre administración de finanzas tras el divorcio y unirte a grupos de apoyo de divorcio donde puedas hablar de tus retos financieros con otras personas.

- **GASTA DINERO EN OTROS.** Hay evidencias de que gastar dinero en otros puede detonar tu felicidad. Dunn, Aknin y Norton (2008) les pidieron a los participantes que calificaran su felicidad por la mañana y luego les entregaron un sobre con dinero. A un grupo de participantes le pidieron que gastara el dinero en ellos mismos antes de las 5:00 p.m., y al segundo grupo le pidieron que gastara el dinero en un regalo para otra persona o que lo entregara a una organización de caridad. Cuando los investigadores contactaron a los participantes esa noche, descubrieron que quienes habían gastado el dinero en otros reportaban un nivel más alto de felicidad que aquellos que habían gastado el dinero en sí mismos.

- **GASTA DINERO EN EXPERIENCIAS Y NO EN COSAS.** Si tu poder de compra ha bajado después de tu divorcio, trata de enfocarte en experiencias enriquecedoras que puedas permitirte en lugar de en cosas materiales que no puedas comprar. "Tal vez la forma más directa y confiable en la que puedes maximizar la felicidad y la satisfacción que se pueden obtener del dinero es mediante la satisfacción de necesidades de búsqueda, por ejemplo, gastar nuestro capital en desarrollarnos como personas, en nuestro crecimiento y en invertir en conexiones interpersonales" (Lyubomirsky, 2013: 173).

EL CASO DE DEMARCUS

Luego de su divorcio con Lynda, Demarcus se había estado sintiendo presionado financieramente. Demarcus creía que la distribución de las fianzas por parte de la corte tras el divorcio había sido profundamente injusta. Lynda había obtenido más dinero y Demarcus no podía comprar cosas para su hija de la misma forma en que Lynda lo podía hacer. A pesar de que esta situación era difícil, Demarcus estaba determinado a sacar lo mejor de sus limitados recursos. En lugar de usar el dinero para comprarle a su hija posesiones materiales, decidió invertir en diversión, experiencias económicas que él y su hija podían disfrutar juntos. Desde entonces, fueron a esquiar a campo traviesa en el parque local, jugaron videojuegos, vieron películas en la matiné y fueron a conciertos al aire libre. Su relación se vio fortalecida y la hija de Demarcus sin duda tendrá recuerdos maravillosos de los momentos que vivió con su padre.

Desarrollar una nueva perspectiva sobre el dinero te puede ayudar a incrementar tu felicidad tras el divorcio. En la sección que sigue discutimos otras estrategias que puedes tratar de poner en práctica en tu búsqueda de la felicidad.

OTRAS ESTRATEGIAS PARA AUMENTAR LA FELICIDAD

Cada capítulo hasta este momento ha presentado estrategias diseñadas para mejorar el bienestar, la paz mental y la calma con tu nueva vida postdivorcio. Hemos abarcado estrategias para que seas más consciente de tu panorama emocional (capítulo 1), así como para cultivar el *mindfulness* (capítulo 2) y la autocompasión (capítulo 3). Para ayudarte a lidiar con eventos dolorosos del pasado, discutimos sobre el perdón a los demás (capítulos 4 y 5) y a ti mismo (capítulo 6). Aprendiste cómo trabajar para dar significado a tu vida día a día (capítulo 7) y sobre la gratitud (capítulo 8). Pero ¡no has terminado! Aún tenemos bajo la manga más métodos para detonar la felicidad.

LA EXPERIENCIA *FLOW*

La idea de fluir, *flow*, toma un nuevo significado cuando consideras el trabajo del psicólogo Mihaly Csíkszentmihály (1990, 1997). Describe el *flow* como un estado intrínsecamente gratificante que proviene de implicarse intensamente en una actividad. Ocurre cuando haces algo sólo por el gusto de hacerlo y te absorbe completamente. Encontrar el *flow* en tu vida diaria es como tomar unas minivacaciones. Es como si te sacaran de tu existencia diaria y te llevaran a una zona donde tu corazón, tu mente y tu cuerpo se enfocan en una actividad satisfactoria y divertida. Cuando estás en la onda, no hay espacio para ansiedad ni preocupaciones.

De acuerdo con Csíkszentmihály (1990), he aquí los principales elementos de la experiencia *flow*:

- Una actividad desafiante que requiere habilidades que tú eres capaz de desarrollar.

- Objetivos claros y retroalimentación.

- Concentración en la tarea.

- Un sentido de control sobre el resultado de la actividad.

- Pérdida de la autoconsciencia.

- Sentido alterado del tiempo, en donde éste parece acelerarse o ralentizarse durante la actividad.

Aunque puedes experimentar estos estados por separado, el profundo gozo que caracteriza a la experiencia *flow* incluye a todos ellos.

Muchas actividades pueden producir *flow*, como limpiar la casa, jugar ajedrez, surfear, tejer, conducir, practicar boliche, pintar, tocar música, bailar y trabajar. La mayoría de las personas reportan tener experiencias *flow* al menos de cuando en cuando (Csíkszentmihály, 1997). Las experiencias *flow* se asocian con una mejor calidad de vida (Csíkszentmihály, 1990 y 1997), a pesar de que los mecanismos precisos sobre cómo se relaciona el *flow* con los sentimientos de bienestar no han sido complemente comprendidos. Si eres afortunado, tu trabajo te produce experiencias *flow*. Un antiguo proverbio dice: "elige un trabajo que ames y nunca trabajaras en tu vida".

El siguiente ejercicio te ayudará a cultivar esta experiencia.

EJERCICIO 9.2: ENCONTRAR LA EXPERIENCIA *FLOW*

Objetivo. La meta de este ejercicio es ayudarte a identificar las actividades que produce la experiencia *flow*.

Instrucciones. ¿Te has implicado tan profundamente en una actividad que nada más parece importarte y pierdes el sentido del tiempo? Cualquiera que sea tu respuesta —sí o no—, contesta a las siguientes preguntas:

Preguntas. Si respondiste que sí, enlista las actividades en las que esto sucede.

____

____

____

Si respondiste que no, haz una lista de actividades que tengan uno o más de los siguientes elementos: la actividad es desafiante y requiere ciertas habilidades; reúne la acción y la conciencia con objetivos claros y retroalimentación; tienes que concentrarte en ella; tienes un sentido de control sobre el resultado; pierdes la autoconciencia cuando la practicas; experimentas un estado alterado del tiempo.

____

____

Genera una lista de al menos tres nuevas actividades que podrías intentar y que te producirían experiencias *flow*. Cuando las intentes, por favor, recuerda que puede ser necesario cierto tiempo para dominar las habilidades necesarias para lograr la experiencia *flow*.

Reflexión. Si ya has experimentado el *flow*, ¿cómo lo sientes?

____

____

Reflexiona en la cantidad de *flow* que hay en tu vida. ¿Es suficiente? ¿Necesitas más actividades de este tipo? Si quieres más actividades de esta naturaleza, escribe un plan específico para cultivarlas. Por ejemplo, si el tenis es una actividad que produce *flow*, ¿cuándo te vas a dar el tiempo para jugar? Asegúrate de poner en tu lista el día, la hora y el lugar.

De la lista de nuevas posibles experiencias *flow*, ¿cuál te gustaría intentar en las próximas semanas? Escribe un plan para que suceda.

Es bueno que fluyas y esperamos que seas capaz de identificar algunas actividades que promuevan el *flow* en tu vida. Otra cosa que puede ser buena para ti es hacer el bien a los demás.

HACER EL BIEN ES BUENO PARA TI

Probablemente no te sorprenda que ser amable y caritativo con otros no sólo puede ser benéfico para quien recibe la amabilidad, sino que también puede ser ventajoso para ti si eres el bienhechor. Al contrastar evidencia científica sobre las conexiones entre altruismo, salud y felicidad, Stephen G. Post (2005), un profesor de medicina preventiva, encontró que las personas compasivas dedicadas a actividades de caridad son más propensas a experimentar mayor bienestar, felicidad, salud y longevidad.

El altruismo —la preocupación generosa por el bienestar ajeno— se asocia con ciertos comportamientos y formas de pensar relacionados con una mejor salud física y mental (Post, 2005). Por ejemplo, ser amable con otros puede resultar en conexiones sociales más profundas y en un estilo de vida activo que contrasta con el aislamiento y la pasividad. Cuando ayudas a otras personas, eres menos propenso a preocuparte por tus propios problemas, tus estados emocionales positivos tienden a elevarse y los sentimientos negativos suelen disminuir. Parece que las emociones dolorosas hacen corto circuito con un simple acto de bondad. Finalmente, los comportamientos gentiles y caritativos hacia los demás pueden mejorar el sentido y el propósito.

No tienes que ser la madre Teresa para hacer el bien en tu vida diaria (de hecho, si tus esfuerzos por ayudar a otros se tornan una carga o son sobrecogedores, los beneficios del altruismo pueden disminuir). Incluso los pequeños actos de bondad pueden ser muy positivos en las conexiones sociales y para nutrir relaciones existentes. Ayudar a un colega a cargar algunas cajas, preparar el sándwich favorito de tu hijo para su lunch o hacer un cumplido sincero a un extraño son pequeñas formas de hacer más brillante el día de alguien.

Si te interesa una mayor inversión altruista, puede que quieras considerar intentar alguna labor de voluntariado que sea especialmente significativa para ti. Al contribuir con la comunidad y conocer nuevas personas, tus sentimientos de aislamiento y centrados en ti pueden disminuir. Ayudar a alguien a aprender a leer, ser entrenador de un equipo deportivo infantil, ser voluntario en una guardería son tan sólo algunas formas en las que puedes demostrar compasión y cuidados por tus semejantes. Ahora que estás divorciado, piensa en alguna actividad de voluntariado que tal vez hayas querido emprender en el pasado pero que no pudiste por tu estilo de vida anterior. ¡Arriésgate a hacer el bien!

EJERCICIO 9.3: EXPLORAR EL ALTRUISMO

Objetivo. El propósito de este ejercicio es explorar los sentimientos e identificar las actividades relacionadas con un aumento de tu propio altruismo.

Instrucciones. Elige un día de la semana para que hagas tres actos de amabilidad y caridad. No le digas a nadie lo que estás haciendo. Piensa en ellos como actos de bondad aleatorios.

Actos caritativos. Describe actos de caridad que hiciste durante el día.

____

____

Reflexión. Si pudiste ver cómo respondieron otros a lo que hiciste, describe sus reacciones.

____

____

¿Cómo te sentiste al hacer estos actos de caridad? ¿Y más tarde?

____

____

FORTALECER LAS RELACIONES INTERPERSONALES

Invertir en otros puede reportar resultados positivos tanto para ti como para quien recibe tu bondad. La bondad y la generosidad son formas de alimentar las relaciones interpersonales existentes. No es poco común que las personas den por sentado a sus familiares y amigos más cercanos, pero parte de cultivar la felicidad es cuidar de las relaciones que son más significativas para ti.

¿Por qué es tan fácil dar por sentadas esas relaciones? Algunos de nosotros creemos que la familia y los amigos cercanos siempre estarán allí para aguantar nuestros berrinches, malos humores o desconsideraciones. Esto puede ser cierto, pero forzosamente tendrás más armonía y paz en tus relaciones si tratas a los más cercanos con la misma amabilidad y cortesía que dispensas a los extraños. ¿Qué puedes hacer para fortalecer tus relaciones interpersonales?

- **ESTAR PRESENTE.** Un hermoso regalo que puedes dar a quienes quieres es tu presencia, no sólo tu presencia física sino también tu presencia mental. Cuando tus seres queridos te hablen, ponles total atención. Ésta es una forma excelente para practicar tus habilidades externas de *mindfulness* (véase capítulo 2).

- **MUESTRA COMPASIÓN.** Trata de entender el punto de vista de tu amigo o tu familiar. ¿Cómo es caminar en sus zapatos?

- **ACÉRCATE CON UN CORAZÓN ABIERTO.** Cuando interactúas con alguien, date cuenta de los juicios o los prejuicios que surgen en tu cabeza. Obsérvalos, déjalos ir, y luego enfócate con una mente y un corazón abiertos en lo que la otra persona está haciendo o diciendo.

- **MUESTRA APRECIACIÓN.** Hacerles saber cuánto los aprecias puede estrechar los lazos con ellos.

- **TÓMATE EL TIEMPO DE ESTAR JUNTOS.** Las relaciones pueden marchitarse si se descuidan, pero invertir tiempo en quienes amas mantiene las conexiones vivas. Encuentra lo que a tu amigo o familiar le gusta hacer y hazlo con él. Esto no tiene que implicar mucho tiempo. Jugar un juego, caminar, cocinar algo juntos son sólo algunas formas en las que puedes pasar tiempo de calidad con aquéllos a quienes amas. Te aseguramos que tienes ideas de cómo fortalecer tus relaciones sociales. El siguiente ejercicio te ayudará a desarrollar un plan.

EJERCICIO 9.4: FORTALECER RELACIONES SOCIALES

Objetivo. La finalidad de este ejercicio es desarrollar estrategias para fortalecer tu red social.

Instrucciones. Elige a una persona en tu red social en quien enfocarás este ejercicio. Puedes repetirlo tanto como desees.

Ejercicio

Nombre de la persona elegida.

____

¿Das por sentada a esta persona? Si es así, ¿de qué forma?

____

____

Tomando las sugerencias de este capítulo o con tus propias ideas, escribe tres cosas que puedes hacer la próxima semana para fortalecer la conexión con esta persona.

Durante la semana, implementa tu plan.

Reflexión. ¿Cómo te sentiste al implementar tu plan? ¿Hay algo que se pueda interponer? ¿Cómo puedes sortear esos obstáculos?

Una de las formas de fortalecer los lazos existentes con aquéllos a quienes amas es tomarte el tiempo de divertirse juntos: ¡de jugar! Patricia McConnel, conductista animal, señala que el animal humano es "paedomórfico" (2002: 88). Nosotros los humanos somos como una especie de Peter Pan, que conserva características juveniles, incluyendo el amor por jugar, incluso en los años adultos. Desgraciadamente, los adultos normalmente no nos damos el tiempo de jugar. Pero tenemos algunas sugerencias que te pueden inspirar para pasar unos minutos en tu estado natural juguetón.

LA ALEGRÍA DE LA REGRESIÓN

Hace muchos años, Kellog's lanzó una campaña humorística para promover las hojuelas azucaradas como un cereal para adultos. En sus comerciales, adultos de varias edades, cuyas identidades eran sombreadas a través de filtros, aseguraban que amaban comer ese cereal. El comercial recordaba a los espectadores que nunca se es demasiado viejo para actuar como niño.

Obviamente, actuar como un niño y comer cereal endulzado no va a hacer que tus problemas de divorcio desaparezcan. Sin embargo, permitirte ser un poco juguetón y reconectar con el niño interior te puede regalar momentos llenos de diversión cuando no estás enfocado en lo que va mal. ¿Hay algo que te encantaba cuando eras niño que ya no haces porque tienes miedo de lo que tus vecinos puedan pensar? ¿Estás abierto a redescubrir el gozo que se puede hallar en las cosas simples? Cualquier cosa que puedas hacer tras tu divorcio para dar un espacio a la alegría en tu vida es un paso positivo. Considera las siguientes sugerencias.

- **BAILA DESPARPAJADAMENTE.** En algún momento, cuando nadie te vea, pon la música y empieza a bailar. Sigue bailando hasta que ya no puedas más. Llámala la danza loca del divorcio si quieres (si vives en un departamento, puede que quieras saltarte esta idea).

- **Colorea con crayones.** ¿Hace cuánto que no usas crayones? Además de tu maestra de segundo grado, ¿a quién le importa si te sales de la raya?

- **Mira las caricaturas de los sábados por las mañanas.** ¿Recuerdas esas mañanas de sábado que pasabas viendo las caricaturas? (Crystal prefiere los *Looney Tunes*, pero Mark está convencido que no hay nada mejor que *Scooby Doo*). Trata de olvidarte de las cosas por hacer con el divorcio, apaga el celular, vegeta delante de la televisión y disfruta de este simple placer.

- **Rueda por el pasto.** La próxima vez que encuentres una colina cubierta de pasto, deja lo que estés haciendo y rueda por ella. (Al día siguiente saca cita con tu quiropráctico).

Tal vez puedas pensar en otras ideas. Cualquier actividad que elijas, comprométete a redescubrir el niño interior y vete de vez en cuando a jugar con él.

Este capítulo te ha ofrecido algunas ideas concretas para cultivar la felicidad tras el divorcio. Nos damos cuenta de que puede sonar más fácil de lo que te parece ahora. Nos gustaría cerrar este capítulo con una inspiradora historia.

EL CASO DE REBECCA

Hace aproximadamente dos años, de la nada, el que fuera esposo de Rebecca durante 25 años le pidió la separación legal. Ella fue la primera en admitir que su matrimonio no había sido ideal, pero que junto con Kyle habían criado exitosamente a sus dos hijos hombres y habían construido una vida juntos, enfocados en su bienestar. Rebecca estaba devastada. Su mundo había sido derrumbado e inició terapia al inicio de la separación.

Después de que Kyle se mudó, había veces en las que a Rebecca le costaba mucho salir de la cama. El dolor que sentía la hizo creer que no volvería ser feliz de nuevo. "Esto fue todo", le dijo a su terapeuta. Pero ahora, cuando Rebecca reflexiona sobre su viaje después de su rompimiento, dice: "Es un trabajo continuo en términos de felicidad y tienes que elegir ser feliz".

A pesar del dolor que sentía, se comprometió a seguir adelante. Rebecca tenía muchas razones para ser feliz: sus hijos, sus padres, su hermana, sus amigos y una profesión que amaba. Trabajó duro para encontrar la paz y dejar ir los eventos dolorosos, cambió la forma en la que pensaba sobre sí misma y sobre sus circunstancias, e interactuó con los que amaba de formas más sanas.

Poco a poco Rebecca se dio cuenta de que con los años había perdido el sentido de quién era y de lo que la hacía realmente feliz. Irónicamente, el devastador final de su matrimonio le dio un nuevo ser y la oportunidad de crear la vida que quería. Justo cuando ella pensó que su vida se había terminado, un nuevo mundo surgió ante sus ojos. Al mirar atrás, esta experiencia le recuerda la metamorfosis de una oruga en mariposa.

Uno de los retos más importantes en la recuperación de Rebecca fue aprender a cuidar de ella misma y redescubrir qué la hacía feliz. Experimentó y comenzó por pequeñas cosas: hacerse manicure, leer una novela en lugar de la publicidad del supermercado, cenar palomitas de maíz. Mientras tanto, seguía depositando su confianza en su iglesia y profundizaba en su compromiso en el trabajo de voluntariado. La naturaleza de algunas de sus relaciones más cercanas cambió: trató de poner sanos límites que dieran balance a su vida. Esos primeros pasos no fueron fáciles, pero se obligó a correr el riesgo.

Ahora Rebecca habla de la paz interior que siente muy seguido. Las cosas no son perfectas y la vida continúa lanzando bolas curvas, pero el arduo trabajo que ha hecho la recompensa. "Es lo que hay", dice y añade con una sonrisa: "y será lo que tú hagas de ello".

Esperamos que encuentres tan inspiradora la historia de Rebecca como nosotros. Comprendemos que cuando las cosas se ponen difíciles, puede ser duro creer que la felicidad está a tu alcance. Pero sí que lo está.

PENSAMIENTOS FINALES

Llegaste hasta el final del libro y queremos felicitarte por todo el duro trabajo que has hecho a lo largo de tu viaje para sanar de tu divorcio.

Lo más importante es que recuerdes que tienes *la fuerza y la capacidad de superar el sufrimiento tras tu divorcio*. Algunas de las estrategias de psicología positiva que hemos discutido en este libro te pueden resultar más fáciles que otras. Sigue trabajando en aquéllas en las que eres bueno. Podrás enfrentar las más difíciles conforme comiences a sentirte mejor y a ganar confianza en tus habilidades. Puedes también encontrar útil revisar los ejercicios de este libro de cuando en cuando conforme avanzas en el camino de la sanación.

Es normal que experimentes dudas periódicas sobre tu capacidad para afrontarlo. Está bien que sientas lástima por ti y que pases duelo por tus pérdidas. Está bien estar enojado. Está bien estar ansioso. Después de todo lo que has pasado, sería sorprendente si no tuvieras ocasionalmente estos sentimientos. Si has estado practicando el *mindfulness* (véase capítulo 2), serás capaz de contactar con estos sentimientos con consciencia antes de dejarlos ir. Estos sentimientos dolorosos no tienen que definirte y no tienen que convertirse en un exceso de equipaje con el que debas cargar.

Cuando te sientas más vulnerable, busca ayuda. No tienes que sufrir solo. La importancia de la ayuda de familiares, amigos, grupos de apoyo o de un terapeuta no debe subestimarse. Si lo encuentras útil también, busca estrategias de tipo espiritual o religioso.

Te deseamos lo mejor conforme aplicas las estrategias de la psicología positiva que te ayudarán a sanar después de tu divorcio. En el camino, no olvides tomarte un momento o dos para apreciar el viaje que apenas has recorrido y el camino maravilloso que se despliega ante ti.

REFERENCIAS

Abramowitz, J. S., D. F. Tolin y G. P. Street. 2001. "Paradoxical Effects of Thought Suppression: A Meta-Analysis of Controlled Studies". *Clinical Psychology Review*, 21 (5): 683-703.

Adams, T. 2011. "Karen Green: 'David Foster Wallace's Suicide Turned Him into a *Celebrity Writer Dude*, Which Would Have Made Him Wince'". *The Observer*, 9 de abril, disponible en: http://www.theguardian.com.

Allen, A., and M. Leary. 2010. "Self-Compassion, Stress, and Coping". *Social and Personality Psychology Compass*, 4 (2): 107-118.

Aristotle. 2009. *Nicomachean Ethics*. Traducido por C. C. W. Taylor. Oxford: Clarendon Press.

Bartlett, M. Y., P. Condon, J. Cruz, J. Baumann y D. Desteno. 2012. "Gratitude: Prompting Behaviours That Build Relationships". *Cognition and Emotion*, 26 (1): 2-13.

Baumeister, R. 1991. *Meanings of Life*. Nueva York: The Guilford Press.

Baumeister, R., E. Bratslaysy, C. Finkenauer y K. Vohs. 2001. "Bad Is Stronger Than Good". *Review of General Psychology*, 5 (4): 323-370.

Beck, A. T. 1979. *Cognitive Therapy and the Emotional Disorders*. Nueva York: Penguin Books.

Bevvino, D. y B. Sharkin. 2003. "Divorce Adjustment as a Function of Finding Meaning and Gender Differences". *Journal of Divorce and Remarriage*, 39 (3-4): 81-97.

Bonach, K. 2005. "Factors Contributing to Quality Coparenting: Implications for Family Policy". *Journal of Divorce and Remarriage*, 43 (3-4): 79-103.

Burns, D. D. 2000. *The Feeling Good Handbook: Using the New Mood Therapy in Everyday Life*. Nueva York: Quill.

Campbell, K. y D. W. Wright. 2010. "Marriage Today: Exploring the Incongruence Between Americans' Beliefs and Practices". *Journal of Comparative Family Studies*, 41 (3): 329-345.

Campbell, T. S., L. E. Labelle, S. L. Bacon, P. Faris y L. E. Carlson. 2012. "Impact of Mindfulness-Based Stress Reduction (MBSR) on Attention, Rumination and Resting Blood Pressure in Women with Cancer: A Waitlist-Controlled Study". *Journal of Behavioral Medicine*, 35 (3): 262-271.

Carson, J. W., K. M. Carson, K. M. Gil y D. H. Baucom. 2004. "Mindfulness Based Relationship Enhancement". *Behavior Therapy*, 35 (3): 471-494.

Crocker, J. y A. Canevello. 2008. "Creating and Undermining Social Support in Communal Relationships: The Role of Compassionate and Self-Image Goals". *Journal of Personality and Social Psychology*, 95 (3): 555-575.

Crocker, J. y L. Park. 2004. "The Costly Pursuit of Self-Esteem". *Psychological Bulletin*, 130 (3): 392-414.

Crocker, J., M. Olivier y N. Nuer. 2009. "Self-Image Goals and Compassionate Goals: Costs and Benefits". *Self and Identity*, 8 (2-3): 251-269.

Csikszentmihalyi, M. 1990. *Flow: The Psychology of Optimal Experience*. Nueva York: Harper and Row.

__________ 1997. *Finding Flow: The Psychology of Engagement with Everyday Life*. Nueva York: Basic Books.

Digdon, N. y A. Koble. 2011. "Effects of Constructive Worry, Imagery, Distraction, and Gratitude Interventions on Sleep Quality: A Pilot Trial". *Applied Psychology: Health and Well-Being*, 3 (2): 193-206.

Dunn, E. W., L. B. Aknin y M. I. Norton. 2008. "Spending Money on Others Promotes Happiness". *Science*, 319 (5870): 1687-1688.

Dweck, C. 2006. *Mindset: The New Psychology of Success*. Nueva York: Ballantine Books.

Emmons, R. A. 2007. *Thanks!: How the New Science of Gratitude Can Make You Happier*. Boston: Houghton Mifflin Company.

Emmons, R. A. y J. Hill. 2001. *Words of Gratitude for Mind Body and Soul*. Filadelfia: Templeton Foundation Press.

Emmons, R. A. y M. E. McCullough. 2003. "Counting Blessings Versus Burdens: An Experimental Investigation on Gratitude and Subjective Well-Being in Daily Life". *Journal of Personality and Social Psychology*, 84 (2): 377-389.

Enright, R. 1996. "Counseling Within the Forgiveness Triad: On Forgiving, Receiving Forgiveness, and Self-Forgiveness". *Counseling and Values*, 40 (2): 107-127.

Enright, R. D. y R. P. Fitzgibbons. 2000. *Helping Clients Forgive: An Empirical Guide for Resolving Anger and Restoring Hope*. Washington, D.C.: American Psychological Association.

Exline, J., W. Campbell, R. Baumeister, T. Joiner, J. Krueger y L. Kachorek. 2004. "Humility and Modesty". En *Character Strengths and Virtues: A Handbook and Classification*, C. Peterson y M. Seligman (eds.). Nueva York: Oxford University Press.

Fisher, M. y J. Exline. 2006. "Self-Forgiveness Versus Excusing: The Roles of Remorse, Effort, and Acceptance of Responsibility". *Self and Identity*, 5 (2): 127-146.

__________ 2010. "Moving Toward Self-Forgiveness: Removing Barriers Related to Shame, Guilt, and Regret". *Social and Personality Psychology Compass*, 4 (8): 548-558.

Frankl, V. 1946. *Man's Search for Meaning*. Boston: Beacon Press.

Frederick, S. y G. Loewenstein. 1999. "Hedonic Adaptation". En *Well-Being: The Foundations of Hedonic Psychology*, D. Kahneman, E. Diener y N. Schwarz (eds.). Nueva York: Russell Sage Foundation.

Germer, C. 2009. *The Mindful Path to Self-Compassion: Freeing Yourself from Destructive Thoughts and Emotions*. Nueva York: The Guilford Press.

Gilbert, D. 2006. *Stumbling on Happiness*. Nueva York: Alfred A. Knopf.

Gilbert, P. 2009. *The Compassionate Mind*. Oakland, C.A.: New Harbinger.

Gordon, K. C., S. Burton y L. Porter. 2004. "Predicting the Intentions of Women in Domestic Violence Shelters to Return to Partners: Does Forgiveness Play a Role?". *Journal of Family Psychology*, 18 (2): 331-338.

Gortner, E., S. S. Rude y J. W. Pennebaker. 2006. "Benefits of Expressive Writing in Lowering Rumination and Depressive Symptoms". *Behavior Therapy*, 37 (3): 292-303.

Grossman, P., L. Niemann, S. Schmidt y H. Walach. 2004. "Mindfulness-Based Stress Reduction and Health Benefits: A Meta-Analysis". *Journal of Psychosomatic Research*, 57 (1): 35-43.

Hall, J. y F. Fincham. 2005. "Self-Forgiveness: The Stepchild of Forgiveness Research". *Journal of Social and Clinical Psychology*, 24 (5): 621-637.

Hardwick, C. 2002. *Dear Judge: Children's Letters to the Judge*. 3a. ed. Livingston, TX: Pale Horse Publishing.

Holmgren, M. 1998. "Self-Forgiveness and Responsible Moral Agency". *The Journal of Value Inquiry*, 32 (1): 75-91.

_____. 2002. "Forgiveness and Self-Forgiveness in Psychotherapy". En *Before Forgiving: Cautionary Views of Forgiveness in Psychotherapy*, S. Lamb y J. G. Murphy (eds.). Nueva York: Oxford University Press.

Hutchison, E. 2005. "The Life Course Perspective: A Promising Approach for Bridging the Micro and Macro Worlds for Social Workers". *Families in Society*, 86 (1): 143-152.

Ito, T., J. Larsen, N. K. Smith y J. Cacioppo. 1998. "Negative Information Weighs More Heavily on the Brain: The Negativity Bias in Evaluative Categorizations". *Journal of Personality and Social Psychology*, 75 (4): 887-900.

Jacinto, G. y B. Edwards. 2011. "Therapeutic Stages of Forgiveness and Self-Forgiveness". *Journal of Human Behavior in the Social Environment*, 21 (4): 423-437.

Jaeger, M. 1998. "The Power and Reality of Forgiveness: Forgiving the Murderer of One's Child". En *Exploring Forgiveness*, R. D. Enright y J. North (eds.). Madison, W.I.: University of Wisconsin Press.

Jain, S., S. L. Shapiro, S. Swanick, S. C. Roesch, P. J. Mills, I. Bell y G. E. Schwartz. 2007. "A Randomized Controlled Trial of Mindfulness Meditation Versus Relaxation Training: Effects on Distress, Positive States of Mind, Rumination, and Distraction". *Annals of Behavioral Medicine*, 33 (1): 11-21.

Kabat-Zinn, Jon. 2004. *Wherever You Go, There You Are*. Nueva York: Hyperion.

_________. 2013. *Full Catastrophe Living: Using the Wisdom of Your Body and Mind to Face Stress, Pain, and Illness*. Nueva York: Bantam Books.

Kelly, J. B. 2010. "Risk and Resilience in Children Following Separation and Divorce". Presentación en el New York State Council sobre la Preconferencia "Divorce Mediation", Saratoga Springs, Nueva York, abril.

Kessler, R. C., W. T. Chiu, 0. Demler y E. E. Walters. 2005. "Prevalence, Severity, and Comorbidity of Twelve-Month DSM-IV Disorders in the National Comorbidity Survey Replication (NCS-R)". *Archives of General Psychiatry*, 62 (6): 617-627.

Kroenke, K. y R. L. Spitzer. 2002. "The PHQ-9: A New Depression Diagnostic and Severity Measure". *Psychiatric Annals*, 32 (9): 509-515.

Lambert, N. M., F. D. Fincham, T. F. Stillman, S. M. Graham y S. R. H. Beach. 2010. "Motivating Change in Relationships: Can Prayer Increase Forgiveness?". *Psychological Science*, 21 (1): 126-132.

Lanham, M. E., M. S. Rye., L. Rimsky y S. R. Weill. 2012. "How Gratitude Relates to Burnout and Job Satisfaction in Mental Health Professionals". *Journal of Mental Health Counseling*, 34 (4): 341-354.

Lawler, K. A., J. W. Younger, R. L. Piferi, E. Billington, R. Jobe, K. Edmondson y W. H. Jones. 2003. "A Change of Heart: Cardiovascular Correlates of Forgiveness in Response to Interpersonal Conflict". *Journal of Behavioral Medicine*, 26 (5): 373-393.

Lawler, K. A., J. W. Younger, R. L. Piferi, R. L. Jobe, K. A. Edmondson y W. H. Jones. 2005. "The Unique Effects of Forgiveness on Health: An Exploration of Pathways". *Journal of Behavioral Medicine*, 28 (2): 157-167.

Lewis, C. S. 1952. *Mere Christianity*. San Francisco: HarperCollins Publishers.

Lucas, R. E., A. E. Clark, Y. Georgellis y E. Diener. 2003. "Reexamining Adaptation and the Set Point Model of Happiness: Reactions to Changes in Marital Status". *Journal of Personality and Social Psychology*, 84 (3): 527-539.

Luskin, F. 2002. *Forgive for Good: A Proven Prescription for Health and Happiness*. San Francisco: HarperCollins Publishers.

Lyubomirsky, S. 2008. *The How of Happiness*. Nueva York: Penguin Books.

______. 2013. *The Myths of Happiness*. Nueva York: Penguin Books.

Macaskill, A. 2012. "Differentiating Dispositional Self-Forgiveness from Other-Forgiveness: Associations with Mental Health and Life Satisfaction". *Journal of Social and Clinical Psychology*, 31 (1): 28-50.

Maltby, J., A. Macaskill y L. Day. 2001. "Failure to Forgive Self and Others: A Replication and Extension of the Relationship Between Forgiveness, Personality, Social Desirability and General Health". *Personality and Individual Differences*, 30 (5): 881-885.

Mauger, P., J. Perry, T. Freeman y D. Grove. 1992. "The Measurement of Forgiveness: Preliminary Research". *Journal of Psychology and Christianity*, 11 (2): 170-180.

McCabe, C. 2013. "Forgiveness and Coping with Divorce". Manuscrito no publicado, Skidmore College.

McConnell, P. 2002. *The Other End of the Leash*. Nueva York: Ballantine Books.

McCullough, M. E., K. I. Pargament y C. E. Thoresen. 2000. "The Psychology of Forgiveness: History, Conceptual Issues, and Overview". En *Forgiveness: Theory, Research, and Practice*, M. E. McCullough, K. I. Pargament y C. E. Thoresen (eds.). Nueva York: The Guilford Press.

McCullough, M. E., E. L. Worthington Jr. y K. C. Rachal. 1997. "Interpersonal Forgiving in Close Relationships". *Journal of Personality and Social Psychology*, 73 (2): 321-336.

Neff, K. D. 2003. "The Development and Validation of a Scale to Measure Self-Compassion". *Self and Identity*, 2 (3): 223-250.

________. 2011. *Self-Compassion: Stop Beating Yourself Up and Leave Insecurity Behind*. Nueva York: HarperCollins Publishers.

Neff, K. D. y S. N. Beretvas. 2013. "The Role of Self-Compassion in Romantic Relationships". *Self and Identity*, 12 (1): 78-98.

Neff, K. D. y C. K. Germer. 2013. "A Pilot Study and Randomized Controlled Trial of the Mindful Self-Compassion Program". *Journal of Clinical Psychology*, 69 (1): 28-44.

Nhat Hahn, Thich. 1991. *Peace Is Every Step: The Path of Mindfulness in Everyday Life*. Nueva York: Bantam Books.

Park, C. 2010. "Making Sense of the Meaning Literature: An Integrative Review of Meaning Making and Its Effects on Adjustment to Stressful Life Events". *Psychological Bulletin*, 136 (2): 257-301.

Park, C. y S. Folkman. 1997. "Meaning in the Context of Stress and Coping". *Review of General Psychology*, 1 (2): 115-144.

Post, S. 2005. "Altruism, Happiness, and Health: It's Good to Be Good". *International Journal of Behavioral Medicine*, 12 (2): 66-77.

Prochaska, J. O. y C. C. DiClemente. 1984. *The Transtheoretical Approach: Crossing Traditional Boundaries of Therapy*. Homewood, I.L.: Dow Jones Irwin.

Pyszczynski, T., J. Greenberg, S. Solomon, J. Arndt y J. Schimel. 2004. "Why Do People Need Self-Esteem? A Theoretical and Empirical Review". *Psychological Bulletin*, 130 (3): 435-468.

Raes, F., E. Pommier, K. D. Neff y D. Van Gucht. 2011. "Construction and Factorial Validation of a Short Form of the Self-Compassion Scale". *Clinical Psychology and Psychotherapy*, 18 (3): 250-255.

Rash, J. A., M. K. Matsuba y K. M. Prkachin. 2011. "Gratitude and Well-Being: Who Benefits the Most from a Gratitude Intervention?". *Applied Psychology: Health and Well-Being*, 3 (3): 350-369.

Riek, B. M. y E. W. Mania. 2012. "The Antecedents and Consequences of Interpersonal Forgiveness: A Meta-Analytic Review". *Personal Relationships*, 19 (2): 304-325.

Ross, S., A. Kendall, K. Matters, T. Wrobel y M. S. Rye. 2004. "A Personological Examination of Self- and Other-Forgiveness in the Five-Factor Model". *Journal of Personality Assessment*, 82 (2): 207-214.

Rye, M. S., A. M. Fleri, C. D. Moore, E. L. Worthington Jr., N. G. Wade, S. J. Sandage y K. M. Cook. 2012. "Evaluation of an Intervention Designed to Help Divorced Parents Forgive Their Ex-Spouse". *Journal of Divorce and Remarriage*, 53 (3): 231-245.

Rye, M. S., C. D. Foick, T. A. Heim, B. T. Olszewski y E. Traina. 2004. "Forgiveness of an Ex-Spouse: How Does It Relate to Mental Health Following a Divorce?". *Journal of Divorce and Remarriage*, 41 (3-4): 31-51.

Rye, M. S., K. I. Pargament, W. Pan, D. W. Yingling, K. A. Shogren y M. Ito. 2005. "Can Group Interventions Facilitate Forgiveness of an Ex-Spouse?: A Randomized Clinical Trial". *Journal of Consulting and Clinical Psychology*, 73 (5): 880-892.

Sbarra, D., H. Smith, and M. Mehl. 2012. "When Leaving Your Ex, Love Yourself: Observational Ratings of Self-Compassion Predict the Course of Emotional Recovery Following Marital Separation". *Psychological Science*, 23 (3): 261-269

Scherer, M., E. L. Worthington, J. Hook y K. L. Campana. 2011. "Forgiveness and the Bottle: Promoting Self-Forgiveness in Individuals Who Abuse Alcohol". *Journal of Addictive Diseases*, 30 (4): 382-395.

Seligman, M. 2002. *Authentic Happiness: Using the New Positive Psychology to Realize Your Potential for Lasting Fulfillment*. Nueva York: The Free Press.

Sharoff, K. 2002. *Cognitive Coping Therapy*. Nueva York: Brunner-Routledge.

Smedes, L. B. 1996. *The Art of Forgiving: When You Need to Forgive and Don't Know How*. Nashville: Moorings.

Smith, T. W., K. Glazer, J. M. Ruiz y L. C. Gallo. 2004. "Hostility, Anger, Aggressiveness, and Coronary Heart Disease: An Interpersonal Perspective on Personality, Emotion, and Health". *Journal of Personality*, 72 (6): 1217-1270.

Solomon, R. C. 2004. "Forward". En *Psychology of Gratitude*, R. A. Emmons y M. E. McCullough (eds.). Nueva York: Oxford University Press.

Stewart, J. C., G. J. Fitzgerald y T. W. Kamarck. 2010. "Hostility Now, Depression Later? Longitudinal Associations Among Emotional Risk Factors for Coronary Artery Disease". *Annals of Behavioral Medicine*, 39 (3): 258-266.

Suzuki, S. 2006. *Zen Mind, Beginner's Mind*. Boston: Shambhala.

Tabak, B. A., M. E. McCullough, L. R. Luna, G. Bono y J. W. Berry. 2012. "Conciliatory Gestures Facilitate Forgiveness and Feelings of Friendship by Making Transgressors Appear More Agreeable". *Journal of Personality*, 80 (2): 503-536.

Tangney, J. y R. Dearing. 2002. *Shame and Guilt*. Nueva York: The Guilford Press.

Tedeschi, R. y L. Calhoun. 1996. "The Posttraumatic Growth Inventory: Measuring the Positive Legacy of Trauma". *Journal of Traumatic Stress*, 9 (3): 455-471.

Thinking Allowed. 1988. "Philosophy in Psychotherapy with Albert Ellis, PhD". Transcripción de la serie *Thinking Allowed, Conversations on the Leading Edge of Knowledge and Discovery, with Dr. Jeffrey Mishlove*. Entrevista grabada el 25 de abril, disponible en: http://www.intuition.org/txt/ellis.htm.

Thompson, L., C. Snyder, L. Hoffman, S. Michael, H. Rasmussen, L. Billings, L. Heinze, J. Neufeld, H. Shorey, J. Roberts y D. Roberts. 2005. "Dispositional Forgiveness of Self, Others, and Situations". *Journal of Personality*, 73 (2): 313-360.

Toepfer, S. M., K. Cichy y P. Peters. 2012. "Letters of Gratitude: Further Evidence for Author Benefits". *Journal of Happiness Studies*, 13 (1): 187-201.

Wallerstein, J. S. 1986. "Women After Divorce: Preliminary Report from a Ten-Year Follow-Up". *American Journal of Orthopsychiatry*, 56 (1): 65-77.

Wegner, D., D. Schneider, S. Carter y T. White. 1987. "Paradoxical Effects of Thought Suppression". *Journal of Personality and Social Psychology*, 53 (1): 5-13.

Witvliet, C. V. O., T. E. Ludwig y K. L. Vander Laan. 2001. "Granting Forgiveness or Harboring Grudges: Implications for Emotion, Physiology, and Health". *Psychological Science*, 12 (2): 117-123.

Wood, A. M., S. Joseph, J. Lloyd y S. Atkins. 2009. "Gratitude Influences Sleep Through the Mechanism of Pre-Sleep Cognitions". *Journal of Psychosomatic Research*, 66 (1): 43-48.

Worthington, E. L. Jr. 2003. *Forgiving and Reconciling: Bridges to Wholeness and Hope*. Downers Grove, I.L.: InterVarsity Press.

________ 2013. *Moving Forward: Six Steps to Forgiving Yourself and Breaking Free from the Past*. Colorado Springs: Waterbrook Press.

Worthington, E. L. Jr., C. V. O. Witvliet, P. Pietrini y A. J. Miller. 2007. "Forgiveness, Health, and Welt-Being: A Review of Evidence for Emotional Versus Decisional Forgiveness, Dispositional Forgivingness, and Reduced Unforgiveness". *Journal of Behavior Medicine*, 30 (4): 291-302.

Yarnell, L. M. y K. D. Neff. 2013. "Self-Compassion, Interpersonal Conflict Resolutions, and Well-Being". *Self and Identity*, 12 (2): 146-159.

EL DOCTOR MARK S. RYE es profesor asociado de psicología en el Skidmore College, en Saratoga Springs, Nueva York. Recibió su doctorado en psicología clínica de la Bowling Green State University, en Bowling Green, Ohio. Además, es licenciado en psicología clínica. Sus investigaciones en el campo de la psicología positiva se enfocan en el perdón y la gratitud relacionados con la salud mental, y es fundador del John Templeton Foundation y del Fetzer Institute.

LA DOCTORA CRYSTAL DEA MOORE es la profesora encargada del Departamento de Trabajo Social y tiene a cargo el Quadracci Chair of Social Responsability, en el Skidmore College, en Saratoga Springs, Nueva York. Recibió su doctorado en bienestar social por la University at Albany, State University of New York, y es licenciada en trabajo social clínico.